第一本来自微信朋友圈分享
并广泛传播的美文美图原创作品

程大爷的朋友圈

程峰诗歌、散文、摄影作品集

程峰 著

羊城晚报出版社
·广州·

图书在版编目（CIP）数据

程大爷的朋友圈 / 程峰著. —广州：羊城晚报出版社，2015.5

ISBN 978-7-5543-0189-0

Ⅰ. ①程… Ⅱ. ①程… Ⅲ. ①诗集—中国—当代②散文集—中国—当代③摄影集—中国—现代 Ⅳ. ①I217.2②J421

中国版本图书馆CIP数据核字（2015）第077557号

程大爷的朋友圈

Cheng Daye de Pengyouquan

策划编辑 谭健强
责任编辑 谭健强 王志娟
特邀编辑 汤 佳
装帧设计 友间文化
责任技编 张广生
责任校对 麦丽芬 王志娟
出版发行 羊城晚报出版社（广州市天河区黄埔大道中309号羊城创意产业园3-13B 邮编：510665）
网址：www.ycwb-press.com
发行部电话：（020）87133824
出 版 人 吴 江
经　　销 广东新华发行集团股份有限公司
印　　刷 广州市岭美彩印有限公司
规　　格 787毫米×1092毫米 1/16 印张15 字数300千
版　　次 2015年5月第1版 2015年5月第1次印刷
书　　号 ISBN 978-7-5543-0189-0/I・219
定　　价 39.00元

序言一

Preface

一个“股仙”的“文学指数”

程峰是中国首批执业证券分析师，多年来，他在报纸上写股评专栏，在电视上谈股市走势，在大礼堂讲炒股策略；熊市中要经常给股民打气，牛市来时又要忙不迭给客户推荐股票。前不久，他说某只股票可以关注一下，结果，一个月之后，这只股票竟然上涨了一倍多!

中国股市也许是世界上最难预测的东西，就连诺贝尔经济学奖得主都感叹它像是一个“魔方”，看不懂也玩不转。而程峰却乐此不疲地玩着这个诡异的魔方，一玩就是20年。鉴于程峰在股票投资领域的资历与能力，我给他评定的职称是“股仙”。

之所以评为“股仙”而不是“股神”，除了“股神”被用得太滥之外，还因为在我的观念中，“仙”比“神”更为飘逸（这也许是李白被称“诗仙”的原因）。在程峰的心里，不光有股票指数，还有“文学指数”。

迄今为止，程峰出版过20多部与股市有关的专著，而他的文学创作业绩也同样良好——他写了大量高水平的诗歌与散文，其“文学指数”之高，绝不亚于去年以来强劲上涨的股票指数。

程峰过去就经常在纸媒上发表诗文。有了智能手机与微信之后，他经常用手机写作，发表在微信的朋友圈里，引来众多人点赞。现在，他把这些诗文结集，交给羊城晚报出版社出版，取名为《程大爷的朋友圈》。

股票是一种“蹦极游戏”，除了在跌宕跳跃方面与诗歌相似之外，似乎再无什么诗意。但作为一家证券公司分支机构负责人，程峰的诗歌比许多专业诗人更有诗味。

我看见了教堂/却看不见上帝/秒钟在钟楼上赶路/无论你何时到达/永远都会迟到一千年/天堂之门临时关闭/有太多的悲剧正在装修/唱诗班歌声悠扬/平淡的生活饱受赞美/人潮拥挤/你需要独自练习/想象：上帝与爱/一般只存在于/时间之外

这是程峰诗作《消失的时间》的最后一段。这首诗是他游览罗马之后写的。在这个充满神话的地方，到处都能触及历史的G点，到处都能听到时间流淌的嘀嗒声。程峰用独特的想象，完成对罗马古今的穿透。

我把这首诗放在微信朋友圈里，许多朋友说，这首诗让他们重燃对诗歌的感情。

这些年来，诗歌的“大盘”十分低迷。这除了人们的目光已转向金钱“大盘”之外，另一重要原因是诗歌的“垃圾股”太多，拉低了诗歌的指数。

程峰的诗写得行云流水意味深长，几乎在每一首诗里，都能找到亮眼的句子。

邮差收藏了你的痴心/却忘记通知你/查无此人/你等待的回信/是一朵被扭断的微笑/迷失在风中/没有一出戏可以证实/朱丽叶没有死/因为罗密欧没有生/爱情与戏剧/都是一种虚构的能力/你独自练习/无中生有/却没能躲开/一个人的流年/注定会/乱了/另一个人的今生（《给朱丽叶的信》）

我看见了雕塑/却看不见爱情/夏娃与亚当之间/还保持着/某种不必要的距离/恰好让一个神话/找到了插足的借口/痴心都有罪/需要在墙壁上展览千年/一个拥抱的姿势/不幸成了永恒（《消失的时间》）

程峰正值壮年，而且是广州的“新客家人”。这种年纪和身份，很容易被故乡和时间的记忆缠绕。在他的诗文里，就充满了故乡情结、“发小情结”和时间情结。这从他的散文标题上就可以看出来：《为了告别的聚会》、《那些被我们遗弃的乳名》、《那些年，被偶尔丢失的灵魂》、《一瓣荷花里的故乡》、《回不去的“后方”》……

但比起散文，我更喜欢程峰在诗歌里对时间的雕刻：

花瓣跌落在时间的深处/它没有喊疼/如果思念能再尖锐一点/就可以深入/果实的睡眠（《忽然秋天》）

流水无言/回忆是夏天的背影/憧憬是更远处的山峰/它们都无法挽留/竹筏靠近终点/没有什么事物/会尾随而来/流水不会记得/八月在这里拐了九个弯/九曲溪/我不是游人/只是一个过客（《写给九曲溪》）

时间是两地之间最长的距离，也是两年之间最短的过道。年过半百的人，最能感受时间带来的疼痛。我们都是世界的过客。金钱、权力、爱情等等，这些人们毕生追逐的东西，最终都要被淹没在时光的暗影里。

而好的作品则可以从时间杀手的追杀中逃逸——只要后面有“游人”，它就永远不会成为过客。

（羊城晚报首席评论员）

2015年5月

序
言 Preface
二

孤独是一个人的狂欢

他的童年生活是物质贫乏时代所有农村孩子的缩影——放牛、打猪草、插秧、薅田、割稻，然后才是在村办学校读书。稍有不同的是，他时而热衷于呼朋唤友打架斗殴，时而沉默寡言痴迷于各种连环画小人书，性格上基本属于喜怒无常，分不清是外向还是内向的那种人。

高考前去体检，抽了血才知道他自己原来是“AB”型，双重性格的形成难道真是由基因所决定？反正他也觉得自己一直是个矛盾综合体——能言善辩而又沉默寡言，放浪不羁而又多愁善感，外表孤独而又内心狂热。

他的青春同样是那一代农民大学生的青春，既有“天之骄子”的优越感，也有来自农村的身份焦虑。80年代的大学校园无疑是属于文学青年的。能写几句诗的人，一律被贴上了才子才女的标签，享受着成天风花雪月的待遇，不管是文科院校还是理工院校，各类文学社团特别是诗社如雨后春笋，满脸青春痘的男生女生，忙不迭地出没于各种级别的诗歌比赛或者诗歌朗诵会，浪漫主义的情怀与懵懂青春的迷茫不期而遇，缠绵悱恻，成就了诗歌的纯真年代。

跟所有经过十年寒窗苦读后考上大学的农家子弟一样，考上大学跳出农门似乎就是他人生的最终目标，所以，只要不会回到村里种田就是最大的成功，至于读哪个大学学什么专业，都是无关紧要的。他虽然读的是商业经济专业，但是，热爱的却是诗歌。四年大学时光，最热衷的事情就是读诗写诗还有参加各种诗歌比赛。

当年的校际诗歌比赛中，以在华中师范大学举办的“湖北省大学生12·9诗歌大赛”最具影响力，参赛诗歌作者来自湖北省54所高校，评委则是湖北省文联及作协的著名作家和诗人。他代表中南财经大学参加了1987年的“12·9”诗歌大赛，在华中师范大学那座挤满了5000观众的大礼堂里，他以那首《深山人家》一举拿下了创作第一名。当时的武汉各媒体纷纷以“夜歌，飘荡在桂子山上”为题进行了报道。中央人民广播电台将《深山人家》制作为配乐诗朗诵推向了全国。1988年年初，他再次获得武汉地区高校“五四”诗歌大奖赛创作第一名及武汉大学“樱花诗会”优秀创作奖等多项诗赛大奖。80年代在大学生中最具影响力的《飞天》“大学生诗苑”发表了他的组诗，《中国当代大学生诗选》、《中国高校优秀文学作品赏析》（诗歌卷）均选录了他的作品，以当年诗歌创作的成绩，他可以算得上是80年代有一定知名度的大学生诗人。

大学毕业后，家境贫寒的状况迫使他从形而上的文学梦中惊醒，回到需要想方设法去摆脱贫困的现实中来。

毫不讳言，在那个“东南西北中，发财到广东”的热潮里，他就是奔着广东传说中的高工资来到了广州，成了广东的一位“新客家”。

然而，现实却是冷酷得要命，毕业分配的那个国营单位，不仅没有高工资，要命的是它好像也没有热火朝天的改革开放前沿阵地的那种氛围。当时的广州，被人称之为没有诗歌的文化沙漠，南下的基本上都是淘金客，基本上见不到有人读诗、写诗了。来到广州最初的两年，尽管无人喝彩，他的文学梦还没有完全醒来，《南方日报》副刊“南海潮”、《羊城晚报》副刊“花地”便成了他时常发表作品的主要阵地。

在经济建设热火朝天的广东，诗歌成了路边上最不起眼的小花小草，诗歌没法当饭吃，虽然明白钱不是万能的，但是，现实生活没有钱又万万不能。为理想那只是个说词，为稻粱谋才是他放弃国营单位那只饿不死吃不饱的所谓“铁饭碗”的真实动因。

纯粹只是想找个收入高点的工作，却误打误撞进了期货行业，成了中国第一拨期货人。然后在全国各大报刊上写期货评论专栏，上电视评论节目，给金融机构的高管讲课，然后著书立说，读研进修，获得经济学硕士学位，通过全国考试成为中国首批持牌的执业证券分析师，堪称广州家喻户晓的财经评论家。

他的证券与期货行业的履历让人有惊艳之感。从事证券期货投资分析与实战操盘20年，操作过包括国际商品期货、外汇、股指期货、国内商品期货以及股票在内的几乎所有金融衍生工具；曾获中国首届期货交易大赛总决赛第二名；与程晓阳合作创建了著名技术分析指标——程峰MSD（相对强度指标）；出版了《股票技术分析实战傻瓜书》、《投机智慧》、《揭穿图表陷阱》、《稳操胜券》、《九段操盘》、《套利有招：期货市场操作指引》、《规范者生存》、《财富演义》、《证券营销学》、《期指兵法》、《ETF套利绝招》、《决胜创业板》、《股票仿真模拟操练系列》、《拼图游戏——中国上市公司并购成长10大经典范式》等共二十余部专著。

现任华泰证券广州环市东路营业部总经理。兼任暨南大学经济学院硕士研究生导师、广州工程技术职业学院国际金融专业客座教授、广州市国资委聘任监管企业外部董事、广东价格指数平台专家顾问等社会职务。

从专业能力的提升和个人品牌的打造方面看，还是取得了一定的成绩。温饱问题基本上已经解决了，似乎也走上了奔小康的道路。对于一个仅仅只是想在城里有饭吃有房住的农民，其实，不大会有获得更多物质财富的理想，因为他知道那个很高的职位，很大的财富实在过于遥不可及，他决定放过自己，安于现状，不去自寻烦恼。

很多人都有类似的心灵困扰——生命中不能承受之轻！很多年之后，自己曾经想要的功名利禄都握在了手中，你成为曾经梦想成为的那种人，甚至更好，更成功，但是，你的内心深处却总是有一个空洞，你没有变得更充实，甚至也没有变得更快乐，于是，你还是怀念过去的自己，那清贫简单却快乐的生活，那沉醉在诗歌中无限自由的心灵。

日复一日庸常忙碌的工作，让他渐渐厌倦这生命的苦闷和狭窄，旅行起初只是对现实生活中一种暂时的躲避和逃离，后来，他试着举起了相机，他从广角镜头里窥见了生命的广度，从长焦镜头中望到了情感的深度，最后，他难以自拔地爱上了旅行摄影。

有了微信朋友圈之后，摄影作品的分享变得轻而易举。为了给这些美图配上文字，诗歌随后回到他的脑海心田。他发现，诗歌慢慢开始填补他内心深处的那个空洞，让他很好地解决自己与心灵的冲突，学会与孤独的人生讲和，并开始摆脱与人群生活表面的相似。

他又说，其实，他没有写诗，而是仅仅将那些油然而生的情感涟漪记录了下来，那些原本只属于他一个人心灵的喃喃自语，不经意地闯入了他的微信朋友圈，然后被朋友们捕获，并被他们称之为——“诗”。

2015年5月

目录

春天

SPRING

S U M M E R

夏天

AUTUMN

秋天

目录

冬天

WINTER

S P R I N G 春天

我以为我赶上了春天

我以为我赶上了春天
结果是
春天超过了我
我清早起床
向春天说早安
结果是
昨晚还含苞待放的牡丹
抢先一步
充当朝霞的信使
摆出了怒放的姿态

我以为我可以收养这些小花朵
——这些大地的小女儿
结果是
她们收养了我
无处安放的诗歌
我只要蹲下来
她们就会给我雨点般密集的微笑
我坐在她们中间
她们就送上好多次热烈的拥抱

我以为春风是个爱奔跑的孩子
结果是
春风一直牵着我的手
像母亲一样慈祥

那些被我们遗弃的乳名

多年以来，在填写个人信息资料时，对于“曾用名”这一栏，我总是感到非常纠结。

如果我写上“程山羊”这个曾用名，我担心会被别人取笑，如果不写上，又担心自己没有按照要求“如实”填写，万一被“组织”发现自己有曾用名而故意隐瞒不报，这事儿就大了，说不定还以为我曾经干过什么坏事呢，上纲上线，说我不诚实品德有问题，那就要承受不白之冤了。

“程山羊”这个名字，既是程大爷用了18年的一个曾用名，也是从出生就被爸妈唤着的乳名。乡下人给孩子取名字，遵循“名字越卑贱越好养活”这个不知始于何时的习俗，多以动物为孩子取名。

所以，我儿时的伙伴，有的叫“二狗”，有的叫“猪儿”，有的叫“水牛”，有的叫“兔儿”……十二生肖里的动物，基本上被翻来覆去花样百出地安排个遍，还是不能满足需要，一时间，村子里有“王兔儿”，“李兔儿”，“马兔儿”等各色“兔儿”若干只，也会有“大牛儿”，“小牛儿”，“三牛儿”，“四牛儿”等不同尺寸的“牛儿”好多头，他们成群结队，相安无事。

当然，每个孩子的乳名背后都有一个故事，或悲或喜，或大或小，或重或轻，承载着父母的某种期盼与愿景。

按照比较公认的说法，程山羊是在一个大雪纷飞的冬夜来到世间的，我的出生地是远离县城的深山老林里一个名叫“大梅畈”的小山村。

接生婆说，我的第一声啼哭，竟然惊动了祖屋后面山崖上的野山羊（去广州动物园才知道这所谓的“野山羊”其实是“麂子”，一种很可爱的小鹿），随后，那只野山羊也应和着我的啼哭叫嚷个不停。

不知道是我爷爷还是我父亲英明决策，当即给我取名“程山羊”，一个野性十足的乳名，从此之后，年幼无知的程山羊便开始与山林的飞禽走兽惺惺相惜了。

乳名在村子里头呼来唤去，习以为常，没人觉得有何不妥，直到我们走出村庄，去到外面的世界求学打工时，才忽然觉得自己的乳名，常常被人拿来开玩笑。

尽管大多数时候，这样的玩笑并无恶意，然而，少年时代的我们，还是存在一种强烈的身份焦虑，被有些来自城市的同学那“高大上”的名字震撼了。

从名字就能看出你是来自农村还是来自城市，那些叫“爱国”、“爱民”、“爱党”的同学，穿着半新的军装，昂首挺胸，气宇不凡，似乎只用了一秒钟的工夫，就把那些“兔儿”、“牛儿”、“狗儿”比下去了。

高中时，有个男同学的乳名竟然叫“猪婆”（母猪），有一次，他爷爷到学校给他送米，我们正在教室上生物课，他爷爷挨个教室找他，最后终于从窗口看见他了，于是激动得大喊：“猪婆，老子给你送米来啦！”全班哄堂大笑。

在老师的建议下，“猪婆同学”后来改了名，可是叫什么，我已然不记得了。

我是上大学时才正式改名为“程峰”的。

高中时试着改过几次名，都被班主任臭骂一顿，不予批准，回家跟父亲提出想改名的事，父亲说这个名字蛮好的嘛。

母亲虽然目不识丁，出于慈母的天性，毅然决然地站在我一边，抱怨父亲当初没有给我取个响亮的名字。

父亲思考了好多天，说可以改名为“程三

宋涛

人的天性似乎喜欢独特，博弈的结果：“峰”独在当时众在如今。另程大爷家很民主啊。

唐佳

原来程大爷有这么可爱的小名！突然想起我妈小时候开玩笑要给我取名叫唐粒子，后来被我爸否了，现在想想也挺独特的。

涛音飞扬

贫贱之名不能忘，糟糠之友不下堂……

黄江

山羊好，纯朴可爱亲切；山峰也好，气势气魄气壮。从幼稚走向成熟，迈进雄伟。

徐昌武

山羊好，朴质有韵味。山羊在悬崖上上下如履平地，坚韧不拔，不比现名差。

南极Penguin

人近五十，再改回去，好响亮：程山羊！

洋”，洋气得很！

那个时候有一款三洋牌的收录机在农村开始出现，摇滚青年穿着喇叭裤长发飘飘地提着个三洋收录机，邓丽君从村头唱到村尾，那是绝对时髦新潮的象征，后来人们干脆就把收录机称为“三洋”了。

可是，我激烈地拒绝了，理由是我又不是去考音乐学院。

再后来，父亲又跟我说，问过村里曾经教私塾的吴老先生，“程山阳”这个名字，代表山上的太阳，是前途无量的意思。可是，我还是拒绝了！

其实我早就给自己想好了一个气势磅礴的名字，可以搭载我飞得更高更远的理想，山高人为峰嘛，“程峰”之名就这样横空出世了。

高考那年，在我的软磨硬泡之下，班主任最终恩准了我以这个崭新的名字参加高考，终于，在我的录取通知书上，我与那个如影随形18年的“程山羊”一拍两散了。

如愿以偿地跳出了“农门”，如愿以偿地拥有了一个像是城里人的名字。

可是，当我看到越来越多的“峰”出现在大学校园的同学录中，出现在报纸杂志的作者栏里，出现在电视剧的主角身上，甚至出现在毕业后工作单位的员工名片上时，当初的新鲜感和自豪感渐渐消失直至荡然无存。

取而代之的是郁闷和厌倦，你开始怀念那些土得掉渣的乳名，它们是那样的笨拙，却又是那样特别，就像老祖母用粗线手工缝制的一个个布娃娃，也许不如批量生产的毛绒公仔那样精美，然而，它基本上不会有两个完全一模一样的。

Pengqi

强烈建议作者把笔名改成“山羊”，以纪念那个纯朴亲切的少年时代和养育自己的可爱的故乡！

L

你们村就是一个动物园！哈哈！

巨章

山羊进了羊城，果然山为峰，秀拔挺立。

雪

今天把你写的两篇文章给老爸看了，他好高兴。他建议地址应该是：坛头山刘家坡。另外名字还有一层意思是爷爷说你排行老三，希望三阳开泰。山羊是爸妈的意思，认为羊儿可爱，正好与出生时小山羊的叫声相吻合，于是山羊的名字就叫开了。哈哈！

这么多年来，程大爷混迹于成千上万个“程峰”中，他们升官发财，他们贩夫走卒，他们春风得意，他们孤苦伶仃，他们开博客，他们演电影，可是，那么多的“程峰”都不是我，他们的生活与我没有半毛钱的关系。

而那些被我们狠心遗弃的乳名，如同一个个多年前被抛弃的孤儿，离开我们注定平淡的人生，渐渐地远了，远了！

所幸，它并没有流离失所，在遥远的故乡，在远离都市喧嚣的偏僻小村庄里，它始终都有一处温暖的怀抱。

我们的父老乡亲，一直都小心翼翼地收留着被我们嫌弃的那些乳名，不管过去了多少年，不管曾经调皮捣蛋的懵懂少年如今是怎样的尘满面鬓如霜，不管你是衣锦还是落魄，他们都只会用最纯正的乡音唤你的乳名，就好像你从未离开过这里。

那些你不在村庄的日子，在他们看来，你只是去城里逛一逛，逛到累了，饿了，渴了，冷了，终究都会记得那一条回家的路。

陈学丰　摄

1/2 看着阳光下的少年，有种莫名的感动，随手抓拍于云南和顺古镇。

3 巴厘岛的海滩，悠然自得的下午，背后是大海，前面是未来。

深山人家

小木屋羞怯地躲在山坳里
羞怯地扯一方薄雾的纱巾
小木屋睁大一扇好奇的木窗
小木屋的油灯照不亮山外的世界
山外的世界朦朦胧胧
小木屋朦朦胧胧
小木屋就这样深藏着她的心事
山坳里的心事只有山雀子才懂

小木屋总爱披散炊烟的秀发
总爱别一枚翠竹的发卡
小木屋爱用蚕豆花镶蓝麦畦边儿
爱用菜花的金黄将山坡涂成花脸
然后伸出一条纤细纤细的小路
伸出一条纤细纤细的手臂
温柔地绕过山梁
小木屋会摇动一万面小草的旗帜
小木屋她在呼唤着呢
山雀子听到小木屋的信号了
山雀子飞过一座又一座山岭
山雀子衔来一万支叶笛
山雀子要唱一万支歌给小木屋听哩

早春听到小木屋的信号了
早春就翻过一座又一座山岭
早春带来了一万支彩笔
一万支彩笔不停地描啊，画啊
就这样，小木屋静静地看着，看着
梨花开遍山了
菜花开遍山了
小木屋就这样静静地看着，看着
梨子挂满树了
油菜花结成籽了
一万支彩笔就这样描啊，画啊
一万座山变成大花脸了
小木屋，也变成大花脸啦
小木屋这时真想照照镜子
小木门便吱呀一声
喊出一个提水的妹子来
山妹子“呵呵”地惊叹着
紧跟着小河“哗啦”一声笑了
笑得溜圆的鹅卵石满河乱滚

于是小木屋不再羞涩，不再胆怯
小木屋变得大方起来了
大方地走进一幅幅挺美挺美的油画
小木屋还要跟着山水画家旅行去
小木屋来到好多好多热闹的城市
小木屋被好多好多人赞叹着
好多好多人都喜欢清秀的小木屋
小木屋就不得不在电视里露面了

小木屋终于走出了薄雾的山坳
小木屋的油灯终于照亮了山外的世界
这是深山里的一个春天
春天里的一个早晨

雨季的南方

木棉红过之后
有鸟掠过厚重的雨季
南方的天空
因此布满星星雨般的鸟鸣
觉醒的竹子
有柔情和绿意滴落
南方的河流
漂满荔枝细碎的花香
南方的雨季
有小花伞开遍古城小巷
有五颜六色的微笑
雨淋不湿的快乐
南方的城市
打开数不清的窗口
读春或者听雨
南方的夜晚
时有潮湿的心事
被檐滴
敲得零零碎碎……

关于丽江

除了岁月
有谁能将脚印留在
这些古老的五花石上
恰好有一场雨
冲洗你掉在地上的影子
你能见到自己的脸
嵌进光洁的镜面
比云彩更清晰

随便选一条路进入
曲折的历史
沿茶马古道
可直达宋朝的某个正午
阳光像一位身手敏捷的刺客
在巷口一闪而过
你享受迷失
不是因为纳西古乐
和神秘的文字
没有方向的小巷中
谁还会记住时间

那扇水边的小窗
打开后再也没有合上
河水从远古流来
一首元曲
被石拱桥反复吟唱
只有水草沉默
它的枝叶上
缠满了往事

心甘情愿被围困
在没有城墙的城堡
行走
或者站立
四方街的黄昏
你的目光
一半给了流水
而另一半
被远处的雪山掳去
越过黑色的瓦楞
你会看见古老的冰川
在梦的最深处

梨的隐喻

选择春寒料峭的时节醒来
证明了她的坚韧
还有对春天的敬意
从不妥协的冷艳
以洁白无瑕的花朵表达
只有细雨与晨露知道
她的思念时常带泪
请不要触碰
站在这无边的荒野中
孤单的小木屋后
为山脚下的一条江守住
一年又一年的寂寞
蜜蜂在阳光中呢喃
她不逢迎
俗艳的赞美与歌吟
每一朵花都是春天的标点符号
每一缕花蕊
都是一个纯粹的誓言
她不在乎时间会老去
季节将花容收起
花朵的最好归宿不是飘零
所谓成熟
其实就是不断地失去
终于可以献出果实
风雨无阻的孕育
漫长的等待
每一口甜言蜜语的背后
都有一个不忍说破的事实
爱情越接近本质
越是难以启齿
她闭上眼睛
听见一个人
用水果刀将梨切开
另一个人
因此顿悟
分离的含义
就是将一颗酸楚的心
不由分说地
切成两半

Pengqi
我喝了四两茅台，才从你的诗意中醒悟过来；你的惯性让我刹不及，当我神志不清地勉强站立起来的时候，我突然看到了你愤怒和呐喊，你不是一个声音高亢的人，可此时声如洪钟！

简单的快乐
让我想起来那副对联：莲子心中苦，梨儿腹中酸！

静子
唯美的惆怅，不忍的分离，人生何尝又不是呢？

核桃是一颗谎言

这个坚硬的词语
永远都在挑衅我的牙齿
还有智慧
用尽了浑身力气
我也无法说破
一个天衣无缝的谎言
迷惑于
它沧桑的容貌
永远不动声色的冷峻
刻画着千山万壑的脸上
有太多的电闪雷鸣
曾经浪迹山野
如今被人捧在手心
而你深深掩藏的风景
足以击退无知的蠢动
多少热情
融化不了你的冷漠
我用力敲打
用力敲打
你终于打开坚硬的外壳
交给我的
却是一颗破碎的心

老黄牛

第二段最精彩，充满浪漫主义色彩！比《亲爱的海水》写得还好！

Pengqi

猎奇与盲目崇拜的结果也往往是伤得不轻。

写给情人节

时间哪儿都没去
它一直都在原地转圈
河流看似流向了大海
其实它以另一种方式回到源头
你在世界的某个地方将自己丢失
却又在另一个地方将自己找回
清晨你在一朵玫瑰前发呆
傍晚你又在一面镜子前微笑
你在人潮中不断地隐身
又不断地显现
你在我的面前消失
忽然又在我的心里冒了出来
或许，爱情哪儿都没去
其实它一直都在原地守候
那不断擦肩而过的
不是缘分
而是一遍遍翻阅着你的春风

谢季青
难得的守候！痴情？傻傻？……坚守？无奈？……

恒修戒定慧
程峰情怀总是诗！

珍青
诗写得好，图片拍得也好，在当今这样浮躁的年代，也有这样安静的心境，难得。

随意抓拍的场景——美女与古镇。

别亦难

近年来，随着各类电视唱歌比赛节目收视率的飙升，许多原本已经“封麦”的老歌星也耐不住寂寞纷纷复出，精神抖擞地活跃在电视屏幕上，大有重新出发再战江湖开始人生第二春的架势。

只是，我们原本已经习惯了这些老歌星不在歌坛的日子，他们忽然又跑上屏幕，让人颇感讶异，甚至于不大适应。

犹记当年，他们告别舞台时歌迷依依不舍的心情，还有，告别演唱会台上哽咽台下泪奔万人合唱经典歌曲的场景，赚足了眼球，当然还有钞票。

歌星红得发紫的时候，大约是想着在舞台形象最好的年华里，与舞台告别，让自己谢幕的时候最美丽，也让那些深情的歌迷留一份此情不再的念想与回味，将最好的画面留在回忆里。

20世纪90年代，当红歌星告别舞台之时，都会有一个非常隆重的告别仪式，所以，当年那种告别仪式，对歌迷们来说，是一种刻骨铭心的记忆，甚至有种生离死别的痛惜，对歌星而言，舞台生涯就此画上句号，人生由绚烂归于平淡，亦有一种依依不舍的情愫萦绕心头。

当年的告别演唱会上，场面相当伤感，常常有一些歌曲就此成为影响深远的金曲。印象最为深刻的有几次，如谭咏麟第一次告别演唱会，《讲不出再见》一曲，万人泪流满面地应和；张国荣的第一次告别舞台的演出，场面也相当感人；梅艳芳的告别演唱会，是一次生离死别，永远没有复出的可能了。

在我的记忆中，陈慧娴的第一次告别演唱会，应该是最华美的一次，当时听到《千千阙歌》，就有种心被掏空的感伤，它的歌词，有一种你无论何时听到都会被感动的魔力，“来日纵是千千阙歌 /飘于远方我路上 /来日纵是千千晚星 /亮过今晚月亮 /都比不起这宵美丽 ……”唱出的正是一种不忍与不舍的心情。

当年歌星们那种急流勇退的冲动，首要原因就是“见好就收”的思想在作怪，就像炒股票，运气不错手风顺时，股价一飞冲天，就想着高位止盈落袋为安。

然而，这种高位出货的火候还真不容易掌握，出早了，后悔；出晚了，套牢！

陈慧娴告别时唱《千千阙歌》，之后这首歌之红火，可能令她自己也意想不到，最终，在歌迷们的“千呼万唤”下，她还是复出了，然而，演艺高峰已过，好景难再。

南唐后主李煜曾经感伤，“无限江山，别时容易见时难”，他甚至告诫自己，“独自莫凭栏”，惜别之情溢于言表。

柳永的“执手相看泪眼，竟无语凝噎”，将别离时的不忍，刻画得入木三分，让离别变得伤不起。

可是，眼前那些告别歌坛N次的歌手们，将原本严肃的告别演出，整得跟儿戏似的。

对他们来说，“见时”挺容易的，“别时”反而越来越难了。

可见，真正的告别，需要勇气，更需要智慧；需要转身，更需要放下；需要从容，更需要淡定。

看唱歌比赛节目，我感叹在咱们国家，会唱歌的人才实在是太多了，我倒是愿意看到那些“封麦”的歌手，经过慎重选择之后的告别，会是一次“永别”。

一个华丽的背影，远胜巧立名目的复出，须知，“人不可两次踏进同一条河流”（苏格拉底语），你可以归来，但已经不是当初的那个你了。

相见不如怀念，“临行临别/才顿感哀伤的漂

周伟

别亦难！其实难的是和鲜花掌声以及内心的寂寞告别……

卿云居士

人为财死鸟为食亡，何况钱胀傻人多，一张老脸充二春，无限风光在荧台。

故乡

内心的平静那才是永远。

小雨滴

我们不断得到也不断失去，所以愈发珍惜每一个拥有，内心平和喜悦。

Pengqi

上台容易下台难，而下台后再上台就难上加难。看来复出也是艰难选择，情非得已，明星做凡人比做明星更难啊！哈哈。

Pengqi

话说文章本身，行云流水、一气呵成，富含维生素。杠杠的！应当选“中国好文章”！电视台不能老整“中国好声音”嘛！

亮 /原来全是你 /令我的思忆漫长 /何年何月 /才又可今宵一样 /停留凝望里 /让眼睛讲彼此立场”，那也是一种别样的风景，让人怀念。“当某天 /雨点轻敲你窗 /当风声吹乱你构想 /可否抽空想这张旧模样”，让逝去的美好时光，在更为辽阔的记忆里永存，该有多好啊。

导演李安在《少年派的奇幻漂流》中借派之口说出了自己对别离的一种态度，“人生就是不断地失去，然而，让人感到痛心的是没有好好地说再见”。

我想，每一次优雅的告别，都是人生中最漂亮的一次转身，对烟花般寂寞的别离，有多不舍得就会有多灿烂！

人生如戏，戏如人生，生活处处皆是舞台，你方唱罢我登场，乃人之常情。再说了，即便你长命百岁，也终究会有一天告别世界这个硕大无朋的舞台，到那个时候，老天很吝啬，别说你想再向他借五百年，就是五年他也未必会答应。

在这纷纷扰扰的人世间，我们欢笑，我们哭泣；我们爱过，我们恨过。我们不断得到，也在不断失去，不断相遇，又不断告别。

只是，得到时珍惜，失去时淡然，相遇时惜缘，告别时从容，如此这般，内心世界才可以归于宁静。

街头艺人。（拍摄于意大利Florence）

这是王德胜的牛

我一直觉得，这辈子认识王德胜是必然，但是，跟王德胜做了朋友，则纯属偶然。

我说的是两个“王德胜”。一个是我儿时在腊里山放牛时的同学王德胜，另一个则是我在证券公司打工时的“工友”王德胜。

我还清楚地记得那是2002年夏天，联合证券在深圳大梅沙雅兰饭店举办培训班，参加培训的都是联合证券全国各地的营业部总经理。上课时，我拿着参会人员名单好奇地打量着上边那些或熟悉或陌生的名字。

当看到“王德胜”这个名字时，我一下子没忍住笑出声来了。坐在我旁边的陈二爷问我傻笑什么呀，我指着“王德胜”的名字，还是没忍住又一阵傻笑。陈二爷当即懵了，我赶紧压低嗓门解释说，刚才忽然联想到一个很好玩的事情，下课后再给你讲吧。

我联想到的正是我儿时一起放牛的那个同学王德胜。我们读小学一年级时，还是一个班的，算起来他应该跟我差不多年纪。

每天放学后，鼻孔下面永远都挂着两条深绿色鼻涕的王德胜，跟在我们屁股后面，一起去陆水河边上一个名叫“草鞋耙”的河滩上放牛。

说起来也真是奇怪，王德胜放了几年的牛，从来都记不住自己家牛的样子，每次都是等到其他小伙伴各自把自己家的牛牵走了，剩下的就算是王德胜家的了。

那个时候的腊里山小学，学雷锋做好事的活动开展得如火如荼。有一天我突发奇想，决定去做一件好事，去帮助一下王德胜同学。我在一小块旧报纸上写下一行字——“这是王德胜的牛”，然后让他回家后用红色油漆在他们家牛的角上照着写上这几个字，这样的话，他以后老远就可以看到自己家的牛了。

过了几天，放学后我们继续一起去放牛，忽然看见一头水牛的角上用红色油漆写了一行字：这是王德胜！我吓了一大跳，心想这头大水牛也叫“王德胜”？

我跑去问王德胜，说不好了，你的名字被一头黑色的大水牛给抢占了。

王德胜慢慢悠悠地说，听了我给他的好主意，昨晚回家后，照着我给他的那个小纸条，用毛笔蘸上红油漆，本来是要写“这是王德胜的牛”这几个字的，谁知道字写得太大了，写完“这是王德胜”几个字后，“的牛”这两个字就没有地方可写了，所以，就成这个样子了。

一年级读完后，我们都顺理成章地升到了二年级，唯独王德胜成绩太差，老师让他留级了。后来，由于在不同班级，我就比较少见到王德胜，记忆中好像他一直都在读一年级。若干年后，刘老师跟我说起王德胜，说他读书实在是读不进去，一直留级读一年级，在连读了五个小学一年级后，不好意思再读下去，就主动退学回家，专职放牛去了……

总经理培训班下课之后，我们跑到大梅沙的沙滩看海，然后给陈二爷、胡总还有徐庆等朋友讲了同学王德胜的故事，大家笑得前仰后合。

就在这个时候，有人惊呼，王德胜来了！我扭头一看，不远处一个皮鞋锃亮西装笔挺、浓密黑发梳理得纹丝不乱的大帅哥正朝我们这边走来，由于怕把海滩边的沙子弄到鞋子里去了，大帅哥走得小心翼翼，一看就是那种严谨细致文质彬彬的好男人。

显然，胡总跟这个叫王德胜的大帅哥很熟。他先是跟胡总握了下手，然后热情洋溢地跟每个人打招呼，完全没有大帅哥惯有的那种冷傲孤高。胡总笑哈哈地跟我说，来来来，我给你隆重地介绍一下，这就是你在花名册上看到的南京营业部的总经理王德胜，跟你们村里的那个王德胜长得像吗？

大家又是一阵乱笑，搞得王德胜丈二和尚摸不着头脑。看见传说中的王德胜如天神般突然站在我们面前，大家于是起哄，非要让我把这个事情讲给他听不可。初次见面，我有些顾虑，怕讲出来不礼貌，特别是像王总这样厚道斯文的男人，还真不敢乱开玩笑的。

最后我还是讲了。王德胜听后不仅没有生气，反而对我的同学王德胜现在的处境表现出很是关心的样子，说是以后有时间的话，一定要去我们乡下，会一会那个与自己同名同姓的人。

之后，每次公司开会，会后围在一起聊天时，都会有人要我讲讲那个“王德胜的牛”的故事。结果，几乎全公司的人都知道了这个故事，大家据此认为，我和王德胜关系一定很铁，不然，我怎么可能会经常讲这个故事来“取笑”他，而他还会没心没肺地跟着大伙儿一起笑呢？

那个时候公司开会或者搞培训，基本上是安排两个人住一个标准间的。大梅沙的那次培训后不久，公司又召开了一次基金营销会议，安排参会人员住公司附近著名的蔡屋围大饭店。

报到的时候，会议的工作人员说，安排你跟你的好朋友王德胜住一个标准间吧，一副善解人意的表情，我虽说有点吃惊，然盛情难却，看来，想不跟王德胜做朋友都是不行的了。

彼时，我在联合证券确实有几个比较铁的朋友。每逢公司开会或者培训，我们都会像过节般兴奋，见面时呼朋唤友，走路时勾肩搭背，聊天时臭味相投，主要还是因为那一个共同的爱好——“打牌”。

会前会后，不是麻将就是“斗地主”，玩得不亦乐乎。后来，牌技一流的陈二爷又将“干瞪眼”这种新玩法引了进来，极大地丰富了我们的业余生活。

可是，作为标准好男人的王德胜，不抽烟不喝酒不打牌不泡吧，还有不熬夜，唯一的爱好就是看书，早睡早起，生活规律，堪比唐僧，跟程大爷和陈二爷之流完全不是一路货色啊。

所以，我经常会不好意思地给王德胜打“预防针”，比如说我会告诉他，我睡觉会打呼噜，你最好是先睡着。再比如说，我晚上跟陈二爷、徐庆、姜男等赌神打牌到深夜，回房间刷牙洗脸，会吵醒他的，所以，他要把被子蒙住头睡会比较好的。

可是，我从来没有听到过他的哪怕一句抱怨，反而是我感觉影响他了，会礼节性地问上一句，昨晚我打牌回来晚了，半夜三更洗澡，没有吵醒你吧？我自己都觉得这个话问得太虚伪，没想到王德胜会一脸无辜地说，你昨晚什么时候回来的？我完全不知道啊。

在几次开会时同居一室之后，我发现我与王德胜之间竟然会有许多共同的话题，表面上的差异并没有妨碍我们成为推心置腹的好朋友。

年轻时，人们通常会认为只有兴趣爱好相同的人才可以走到一起。随着年岁渐长，你会发现，物以类聚人以群分的“群”，其实有时候可以是性情爱好迥异的一些人，决定他们是否成为朋友的关键因素，应该是相似的价值取向或者说品格吧。

君子和而不同。所以，有时候就会出现这样的场景：越野车穿行在杏花春雨的金沙江畔，胡总忽然指着江对面的一处花团锦簇的村落说，太漂亮了，如果可以去拍照的话，就太棒了；陈二爷扶了扶那副总是往下掉的眼镜，也连声称赞好美的地方，说是如果可以在杏树下摆上一桌麻将，那有多巴适啊；辉三爷补充说，就算是在那儿喝喝茶也安逸哕；只有王德胜的目光还在一座小木屋的周边搜寻，半天他才深情款款地说，嗯，确实是好地方，要是能去那儿把他们家的老母鸡买一只炖了汤，那该是多么幸福的事哟。

想一想，人与人之间的瓜葛，是一件多么玄妙的事啊。如果不是因为我儿时的小伙伴王德胜，不是那头角上写着红字的水牛，也许，我与后来的“工友”王德胜，也会如同当年公司里众多其他“工友”一样，一面之缘，点头之交，擦肩而过，然后，消失在人海。

难怪有人说，朋友是随缘而来，缘尽则散。可是，真正的朋友，来的时候是因了多少年的修行才修来的缘分！因此，又怎么舍得让那一份缘轻易就尽了、散了呢？

几年前，我的“工友”王德胜由于种种原因，去了另一家证券公司打工，我们见面的机会少了。但是，有空时还是会打个电话，有时分享生活中的喜悦，在遇到困难或者痛苦的时候，会及时递给对方一双温暖关怀的手。

朋友就是这样吧？无论何时何地，你总是会记得有一个这样的人，无论你看不看得见他，他就在那儿，给你鼓励，给你关怀，给你温暖。

渺爸

程大爷，还有德胜的老母鸡呢？漏了吧！哈哈。

陈贵田

同感！王总是我们共同的朋友。顺祝王总好，工作顺利！

程大爷回复渺爸

呵呵，还真是忘记了这一段。没事，下次再写一篇“德胜的老母鸡”，如何？哈哈哈。

damao

写得好，传神！德胜也要赞一个，必需的！

向往原野

斯文厚道的德胜跃然纸上。

王德胜

终于看到这篇“散文的诗、诗的散文”，一口气读完，真的很感动，差点儿泪流满面，谢谢程“诗人”，让一个平凡的人也火了一把！！

故乡湖北省赤壁市腊里山村的河滩上，春天来临，紫云英和油菜花一望无际。

电台情歌

喜欢边开车边听收音机的人，很多都有被电台情歌感动过的经历。

特别是当自己一个人开着车走在漫长孤单的路上，或者是午夜时分心思若有若无地从人车稀少的街头疾驰而过，电台主持人用低沉磁性的声音讲完了一个小故事。

突然，一首深情款款的歌曲就从电台里流淌而出，它好像是专门为你那一刻的心情而准备的，一切猝不及防，那首歌不偏不倚恰巧击中了你的泪点。

于是，你会感觉空调的风有些冷，手臂上不知什么时候冒出了密密麻麻的鸡皮疙瘩，喉咙微微发紧，晴朗的夜空好像有一场雨下到了你的心里。

往事忽然泥泞不堪，那段熟悉而平坦的柏油马路随即被你开得跌跌撞撞东倒西歪。

最近喜欢听各类歌唱比赛参赛选手们翻唱的流行经典。

那些被选手们演绎得声嘶力竭沧桑伤痛的老歌，如泣如诉旧情绵绵，唤醒尘封已久的往日情愫。

总会有那么一首歌或者那么一句歌词触碰到你心底掩藏着的某段时光，不可说的疤痕，潜伏已久的莫名思念。

“多少人走着，却困在原地；多少人活着，

向往原野
易感之人是善良的。

程大爷回复向往原野
呵呵，今天广州塞车严重，一段平日10分钟的路开了2个多小时，只好听电台情歌，然后，莫名感动！

简单的快乐
很久以前听这几首歌没什么感触，现在是不怎么敢去听，因为指戳泪点，听一次会哭一次！

冰淇淋
这种曾有却无法言语的感觉被才气横溢的程大爷婉婉道出，写得真好！被感动了……

雨大爷
程大爷让我想起了余光中的散文《听听那冷雨》。

却如同死去；多少人爱着，却好似分离；多少人笑着却满含泪滴。”听着听着，你就会发现，对这个世界感到绝望是多么的轻而易举，而对这个世界始终挚爱又是多么的举步维艰！

“再回首，云遮断归途；再回首，泪眼蒙眬，今夜不会再有，难舍的旧梦”，学会放弃，学会告别，学会前进，人群川流不息，学会怀揣自己的颜色，往一心想要的地方走去，学会跟往事干杯。

“于是梦醒了搁浅了沉默了挥手了，却回不了神”，收音机的歌已经换了一首又一首，听完这首歌，就该换了电台，换了夜晚，换了心情。

当你意识到自己深深沦陷在一首电台情歌的感动中时，你就会赶紧将所有的车窗打开，让夜风将这黏稠的伤感冲淡，最终完全吹散。

抬起头，月亮挂在天边，看起来依然冷漠如霜高不可攀，但是，你可以朝着最遥远的那颗星星喊道：嗨！在群星之中我看见了你，请将你的光芒照进来吧。

从好世界广场28楼的窗台上望去，傍晚时分的环市东路，车水马龙。

外面的世界和内心的世界

看到齐秦一本正经地坐在电视选秀比赛的评委席上，虽然很长时间没见过他出现，但是，我的内心依然平静如水。

我从来就不是追星一族，也算不上是谁的粉丝，因此，这些年来，对于这个相对而言还算得上喜爱的台湾歌手，我从没有刻意想起过，所以，也就没有努力去忘记他。

也可以说，是因为在我的视觉和听觉世界，已经习惯了这个其貌不扬的台湾老男人的存在，他就像我老家房门前的一棵桂花树，我看着它从一棵小树苗长成一棵老树，当然，它也见证我从一个懵懂少年出落成如今胡子拉碴的程大爷。

一年四季，我都会看到它就站在那儿，花开时芬芳，花谢时落寞，风起时匆忙，雨住时悠然。

无论是卡带中忧伤悲怆的齐秦，唱片中沧桑深情的齐秦，还是电视上从容淡定的齐秦，我都能听见时光一刻不停地雕刻打磨着一个男人的嘀嗒声。

而这个不停打磨着齐秦的时光，同样在打磨着我，就像披着同一片月色，就像守住同一段悄然老去的光阴，虽然彼此之间，素昧平生，却又一路相随。

曾几何时，在我们年少的心空中闪烁过的星星数不胜数，为何流星雨之后只有齐秦还在那儿不停闪烁？

为何他的歌可以在中国大陆和港澳台地区传唱30年并且几乎都成为流行歌曲的经典？

在华语歌坛，能到达这样高度的歌手，凤毛麟角，曾经的“小哥”，俨然已成歌坛“大哥”。

从苍凉的《狼》到柔情的《大约在冬季》；从明亮的《玻璃心》到暗淡的《花祭》；从思念牵绊的《外面的世界》到肝肠寸断的《别让我的眼泪陪我过夜》；我们听到的其实是齐秦自己情感世界的低吟浅唱以及痛哭呐喊，

他与王祖贤的那段感情，用情之深，情路之崎岖，结局之意外，让人唏嘘不已。

他的歌唱的是他自己的故事，直白，真诚，所以感人。我相信，能够在30年的漫长岁月里持续感动人的，肯定不是一个人的才华，而是，他的真情！

记得大学毕业即将离校时，我们在齐秦《外面的世界》的歌词中发现了彼时的迷茫：外面的世界很精彩，外面的世界很无奈……

相对于一生一世只可一次的亲密爱人王祖贤，齐秦后来的情感世界再精彩，也只是外面的世界，他的内心世界，我们无从知道。

离开家乡时，家乡之外，都是外面的世界，而家乡就是我们内心深处的世界；离开大学校园时，我们的内心深处是最美的青葱岁月，现实生活，就成了外面的世界。

年轻时听齐秦，共鸣的是外在狂热的情感，如今听齐秦，唤醒的是内心沉睡的记忆，依然会感动，更多的却是感慨：感慨外面的世界很精彩，而此刻，心里的世界很无奈！

这两个世界是如此冲突，难以调和，以至于时常无法保持平静！

黄江
外面的世界依然精彩，内心的世界始终澎湃。

王俊卿
进入八月，习惯了阅读程大爷散文带来的愉悦。不能想象若是中断些时日，会有怎样的失落。只因写得太好，只因字里行间不仅是文字，更多的是真情。

Arenaxu
现实和理想的矛盾，有多少人能随心所欲！

卿云居士
读后感：齐秦有如老男人的春药，让本已波澜不惊的内心激起阵阵涟漪，情不自禁地引起第二春的萌动，这说明本身就蕴藏着强劲的势能和不老的激情。如将势能转化成动能，内心的无奈，不仅能焕发外显的精彩，更能激扬潜在的活力。

涛音飞扬回复卿云居士
多少青春不在，多少容颜已改。

在丽江古城的小巷深处，藏着各式特色小酒吧。

总有一首老歌让你泪流满面

很久不见，再次聚会时，我发现台湾人老王有两样东西一直没有改变：其一是他灰白相间的山羊胡子；其二是进卡拉OK必唱《你看你看月亮的脸》这首歌的习惯。

老王歌喉一流，据说曾经跟童安格一起在台北的夜店做过驻唱，当年我们唱K时，第一次见老王唱这首歌竟然泪流满面，觉得不可思议。

孟庭苇的歌轻柔婉转，并非那种催人泪下的苦情歌，不知触动了他的哪根心弦。

后来每次去唱歌，老王都必唱这首，以至于我们干脆一进歌厅就自动点上这首歌。

当时以为老王是孟庭苇的歌迷，喜欢反复唱一首歌也不奇怪，这次聚会时，老王还是唱这首歌，还是泪流满面，我就忍不住笑问他，孟庭苇都退隐多年了为何还要如此痴情。老王略一沉思，跟我讲起发生在20年前的一件陈年旧事：

有位出租车司机开着空车行驶在台南的滨海公路，那正是一个月圆之夜。

一个月前，的哥与未婚妻站在海边的礁石上拍摄婚纱照，突然一个巨浪袭来，两人同时被打落海里，的哥被救起，未婚妻却不幸遇难。

的哥还没有从悲伤中摆脱出来，那个时段，电台正是听众点歌时间，的哥掏出手机拨打电台热线，接通后，他说一辈子第一次也是最后一次点歌，希望可以播放这首歌，送给他的未婚妻，这是她最喜欢听的歌。

点歌送出后，他很平静地告诉主持人，他要在这首歌曲的陪伴下，带着今生今世无法圆的那个梦，去海底寻找他的爱人……

最后听说是主持人通过电波不断劝他不要做傻事，然而，的哥毅然决然将车开向了大海。

在车坠入海面的那一刻，主持人通过的哥的电话，听见他不断轻声呼唤着未婚妻的名字，还有，大海哭泣的声音。

我听老王讲完故事，感动之余，傻傻地又问多了一句，你认识这个的哥吗？

老王哽咽着说：他是我的亲弟弟！他死后，这么多年过去了，我始终都无法释怀！

高文彪

刚从台湾旅游回来，被程总所写的这个台湾故事震撼。

唐佳

……好伤感，好深厚的爱！以后听到这首歌，会想起这个感伤的故事……但我相信他们一定在一起了。

Pengqi

我猜想这个“老王”应该是90年代初中期你在南方期货时的“战友”。那时国内期货界的“教父”大都来自宝岛台湾。想当年，在报纸上写下的一篇篇文字、躺在宁夏大草原仰望星空时的无奈、在他省某个角落里的挣扎、在他国某个小岛上看海天一色的孤独，方知人生波浪的起伏、均线的缠绕……那时少年的峥嵘岁月，自然有一首被感动到泪流满面的一首歌。黄家驹的“海阔天空”就是我心中的歌……

程大爷回复Pengqi

他教会了我很多东西，包括吃喝玩乐的人生态度。在那些个天南地北奔走的岁月，那些缠绕心中的往事，成功失败，酸甜苦辣，你总会被一首老歌感动到泪流满面。

终于，芦花鸡与高尔夫扯上了关系

不知从什么时候开始，我们在球场上已经不谈论股票了。

也不谈论老鹰、小鸟、一杆进洞这些玩意儿。

最近我们开始谈鸡，没错，谈论芦花鸡——一种产自花都农村的体形较大的土鸡！

自从去年底我们在富丽山庄品尝过芦花鸡的鲜美滋味后，我们对鸡的兴趣就超越了鸭，接下来又超越了老鹰和小鸟，成了高尔夫球场上的一个颇为性感的词汇，有点类似比特币！

于是，我们会经常听到这样的对话，“赌你一杆打不出沙坑，赌一只芦花鸡，如何？”

“赌你第二杆上不了果岭，赌一只芦花鸡如何？”一场球赛结束了，周老虎会问记录成绩的球童，“快算一下，今天我赢了几只芦花鸡？”

马年的第一场球，茶叶佬与第一高手周老虎之间进行了一场PK，确切地说，这是一场事关芦花鸡的战斗！

前九洞双方势均力敌，周老虎仅仅领先2杆，但是，由于计算差点需要让杆，茶叶佬实际上已经9只芦花鸡在手。

下九洞若保持平手，那么，茶叶佬真的可以去开个养鸡场了！然而，世事无绝对，人算不如鸡算！下九洞开始，芦花鸡们就显得不那么安分守己了，周老虎发威，茶叶佬溃败，芦花鸡不断飞回周老虎的鸡笼，至16洞，茶叶佬的芦花鸡仅剩一只了。

紧迫感袭来！茶叶佬做了一次深呼吸后，走向发球台时，仍感觉脑海中有一群芦花鸡扑腾乱飞，搅得他意乱情迷。

当你拥有时不会珍惜，失去了才知可贵！他决心重新赢回他的芦花鸡，他发誓让一大群鸡重回自己的怀抱，他抽出8号铁杆，挥舞着，像是召唤着那群芦花鸡的归来！

一记漂亮的全挥杆，小白球在空中划出一道优美的弧线，然后下落，然后，落进了冰冷的湖水里……

PK结束了，茶叶佬输给了周老虎5只芦花鸡。

中午，我们一边喝着土鸡汤，一边评论了这场芦花鸡的战争。

程大爷最后的总结陈词是：

第一，战斗峰回路转，精彩纷呈。周老虎技高一筹，茶叶佬虽败犹荣。

第二，芦花鸡一鸡两吃，汤鲜肉嫩，佐之以砂姜，与腊味煲仔饭绝配。

第三，程大爷没有参加战斗，却吃上了芦花鸡，对为芦花鸡奋斗4个小时的战友表示敬意。

也可以说，我们今天中午，吃的是周老虎的汗，喝的是茶叶佬的血啊！

Zhou

文采不错，搞得我都在怀疑自己就是周老虎？

卿云居士

程大爷挥杆时想着球的触点和落点，其实球翁之意还在那种鸡，以至于鸡温肚、不思猪牛了呼！

日月星辰

在千里冰封的异国他乡思念芦花鸡。

一部电影中的匆匆那年

很好，让我们靠得再近一点
近得可以听见彼此
心中的旋律
近得好像两片
完全相同的树叶
面对着流年的镜子
我看见梅花
落满了遥远的山谷
而北风中的枯树
不知疲惫地挥舞着雪花
它的影子
是相邻的另一片雪花

很好，让我们把往事留在原地
不要试图去搬动它
那丢失掉的青春
如同一截被割掉的阑尾
只留下疤痕和
条件反射的痛感
而爱情
就像一把用旧的牙刷
早已被生活的利齿
磨损掉了
最柔软的部分

请选择遗忘
理想主义的牙膏
沾水后泡沫横飞
似曾相识的薄荷味道
不过是生活的错觉

很好，让我们抱住自己的肩膀
就好像一把抱住了
自己的命运
寒潮来袭
这一个冬夜
让我们靠在往事上取暖
回忆是一部电影
那个宿命里的永远
不过是一串迷惘的日子
只是午夜梦回
总是忍不住飞得很低很低
低得
再找不到着陆的地址
思念是心灵孤独的苦役
是没有戒掉的心痛
像烟瘾

广州白云山桃花涧，孩子们正在“制造”花瓣雨。

珍青

写得真好，我喜欢！

唐佳

青葱岁月 纯真美好。

“哑巴”来了

抗日战争中期，我的家乡湖北蒲圻县（现改名为赤壁市）因处于京广铁路沿线这一重要的战略位置上，随着华中地区的沦陷，不可避免地落入了日本侵略者的魔掌。

我的爷爷和奶奶，那个时候，也就二十来岁吧，显然不知道家乡北边的武汉会战有多惨烈，也不知道南边的长沙因为国民政府的焦土抗战战略而几乎被烧成灰烬。

他们只是有一天看见了刘家坡的天空上突然飞来了一群“铁鸟”，下了一堆“蛋”，有些掉进陆水河里，有些掉进山谷里，然后就是一阵接一阵震耳欲聋的爆炸声，才惊觉日子过得不再太平了。

陆水河里的船只几乎都被炸成了碎片，离程氏祖坟山不到50米的一处山坡，被流弹炸出了一个差不多半亩地大的巨坑。几十年过去后，那儿仍然寸草不生。

乡亲们一辈子都没有见过这样的“铁鸟”，更想不到它下的“蛋”这么可怕，一时间都被吓蒙了。反应快的赶紧往山上躲，反应慢的，有的被碎石砸伤，有的被震破耳膜落下残疾。

本来，生活在大梅畈坛头山一带的程氏族人，世代务农，农闲时砍柴伐竹去卖，或者做搬运苦力活赚点零花钱补贴家用，老实本分，与世无争。

由于交通闭塞，有的族人甚至一辈子都没有离开过大梅畈，能够说得上见过世面的更是少之又少。族人中有两位性情刚烈的前辈，名曰程幼清和程正香，分别是我爷爷的亲哥哥和叔叔，他俩虽然是叔侄关系，但年龄相差无几，从穿开裆裤时就喜欢一起玩耍，长大后常结伴走南闯北，形同兄弟，已算得上是大梅畈一带有点江湖地位的人物。

小时候听我爷爷讲，家族中的这两条“好汉”，自幼练武，身强力壮，曾经在陆水河及长江上跑水运生意的船上打工。有一次帮船老板开灰船到武昌鹦鹉洲，遇当地船霸敲诈，叔侄俩誓不低头，手持铁尺打得当地船霸落花流水屁滚尿流，就此在当地站稳码头，威名震慑，此后整条街无人敢惹这爷俩了。

武汉沦陷后，码头上来了一群端着长枪的士兵，他们五短身材，面目狰狞，特别奇怪的是，他们嘴里一直“咿咿呀呀”地叫着，没有人听得懂他们说的是什么，这些人的样子像极了坛头山那个又丑又傻的哑巴儿。这叔侄俩虽然武功高强，然而，却又目不识丁，哪知道什么“日本人”？所以就管这满嘴“咿咿呀呀”的矮子们叫“哑巴”。

看到“哑巴”们端着枪到处抓人，时不时还放枪，这架势挺吓人的，船老板被抓走好几个，木船又被炸沉了好几只，看来长江上的船运生意是没法做了。

叔侄俩赶紧跑路，先是回到蒲圻县城，一看到处都是“哑巴”，跟武昌差不多，没办法谋生，只好先回大梅畈，躲避一下这兵荒马乱的局势。

哪知刚刚回到家乡，就遇到“哑巴”派“铁鸟”下“蛋”，轰炸陆水河中的运输船只，家中稻田和山林也被炸得乱七八糟的。族人都不知发生什么事了，只有幼清和正香这叔侄俩知道，这都是那些可恶的“哑巴”们干的，心里那个恨啊，没法表达。

我爷爷还记得，我父亲出生的前一年，也就是1941年下半年，“铁鸟”来了一轮轰炸之后，一队“哑巴”从蒲圻县城出发，经葛家山过鲍家滩前往大梅畈老屋谭家扫荡，途中遭到游击队伏击，一名“哑巴”被打伤。

有一个汉奸保长带人去拉壮丁，半路遇到挑着柴打算去县城卖钱的程幼清和程正香，保长见二人长得虎背熊腰孔武有力，遂强拉他俩充当轿夫，运送那个受伤的“哑巴”回蒲圻县城。

在家乡时，叔侄俩经常结伴砍柴到蒲圻县城去卖，因此对沿途地形十分熟悉。想到“哑巴”来了之后，长江里的船运生意跑不成了，家乡的稻田和山林被炸毁了，不禁怒从心头起，勇向胆边生，两人用乡下土话小声商量着，准备将轿子里的这个“哑巴”伤兵扔下悬崖摔死，以解心头之恨。

当行至宋家坡附近时，程正香见山路陡峭，荆棘丛生，前方不远处正是万丈深潭，便暗示程幼清加快步伐，将尾随的其他“哑巴”甩得老远。到金家山口时，动手的最佳机会终于到了，于是程正香喊了声“一二三”，叔侄二人步调一致，使出浑身力气，连人带轿狠狠地将那个该死的“哑巴”扔下了悬崖。

随后他俩迅速跳入荆棘丛中，拼命往深山里跑去。

后边的“哑巴”分队赶到金家山口时，没见到抬轿子的人，到处搜索无果，因为怀疑抬轿子的山民来自大屋谭家，“哑巴”们就跑去那个村落杀人放火，造成大屋谭家几乎村毁人亡。

尽管“哑巴”们并不知道这个事情是程氏叔侄二人做的，但是，由于担心被“哑巴”们抓到，他们还是在外面躲了一段时间。

小时候，我对家族中的这二位前辈知之甚少。从大梅畈移居腊里山后，程幼清因为是我爷爷的哥哥，大家就都住在一栋瓦房里，成了邻居。印象中的幼清爷爷，威武挺拔不苟言笑，霸气外露，与我爷爷的老实低调，和蔼亲切谦卑忍让形成鲜明反差。而正香太爷爷，我则完全不记得他的样子了，甚至于从没有去打听过他的人生结局。

说真的，我小时候很怕幼清爷爷，看得出来他是个不好惹的主。有一次，我跟村里的孩子们玩一种类似“躲猫猫”的游戏时，不小心弄翻了他晒在稻草垛上的麦酱，我吓得天黑了都不敢回家。

可是，当我以为躲过风头，摸黑回到家门口时，还是被幼清爷爷发现了，最终没有逃过一难，被他劈头盖脸地打了好几棍子。为这事，我还给他取了个“恶霸爷爷”的外号呢。

我去武汉读大学的时候，“恶霸爷爷”不幸去世了。没有人通知我，所以，也就没法赶回来送他上凤凰山了。

是我爷爷无意中说到“恶霸爷爷”与他的叔叔正香太爷爷曾经合伙将一个“哑巴”伤兵丢进山崖下的深潭这件事的。虽然过了几十年，看得出来，我爷爷还是一副讳莫如深的神情。

我听着半信半疑的。我想，这可是抗日战争期间的英雄事迹啊，应该公开传颂才是啊！但是，我爷爷说，“哑巴”后来到处搜捕他们，又因此差点将老屋谭家灭了村，幼清爷爷和正香太爷爷起初担心“哑巴”找到他们，“哑巴”投降后，又担心老屋谭家的后人怪罪他们的行为给谭家带来了灭顶之灾，所以，一直守口如瓶，直到去世前才将此段历史讲了出来。

几年前，幺弟找到《蒲圻县志》考证当年历史，赫然发现其中就有对大屋谭家惨案来龙去脉的详细记载，其原因正是日军为寻找一名失踪的士兵，迁怒于大屋谭家，杀了不少人。与幼清爷爷所述完全吻合。

有一次幺弟告诉我他的这个考证，我当时沉默了好一阵子，我感觉自己的内心五味杂陈，有一种崇敬沾染着几分哀伤几分心痛，“恶霸爷爷”的形象在我的心目中一下子高大了起来。从此以后，我一点儿都不再记恨他当年用棍子打过我的事。

我爷爷奶奶相继去世后，同“恶霸爷爷”一样，由于政策所限，没办法如他们所愿安葬在“后方”的祖坟山上。尽管，他们一生都对生他们养他们的故乡大梅畈坛头山念念不忘。

所幸，在腊里山村凤凰山可以遥望故乡的半山坡，我爷爷奶奶和幼清爷爷的坟茔紧挨着一起，如同他们生前相邻而居的小屋。

今年清明节去扫墓时，我和弟弟一起，先给我爷爷奶奶祭拜，然后在幼清爷爷的墓前，点上蜡烛，敬上高香，燃上冥钱，一边跪拜一边念叨：“恶霸爷爷”啊，你武功盖世，胆气逼人，连日本人都敢扔进深潭里，在阴间里，可别让人欺负你那个老实巴交的弟弟啊。

现在，每当我看到有关抗日战争的书籍或者电视、电影时，我都会充满自豪地想起家族历史上程幼清和程正香这样的平民英雄，他们用自己的方式打了一场小小的抗日战争！在那个国破家亡的岁月，他们的血性和勇敢，彰显出一个中国人的不屈精神。

不管有没有人知道，在数以百万计被打死的日本鬼子当中，确定有一个是被我的家族前辈亲手消灭的。因此，在抗日战争的伟大胜利之中，也有我们程氏家族前辈做出的一点小小贡献啊。

龙Dylon

时常想起这些真实的故事，总能帮助我们不迷失方向！👍

黎玉珍

平实的语言、真挚的情感、真实的故事，美哉。👍👍👍

1 老家竹林。
2 故乡的河。
3 程氏祠堂。
4 父亲在清除祖坟上的杂草。

蒹葭

从《诗经》里长出
柔情似水的含义
有歌声临水而居
如一个随风起舞的女子
季节转换
流水与落叶
来得总是比爱情慢了
半个节拍

雁阵排练了几次
最终还是消失
在苍茫之处
芦花和淡水
喂养了一世情缘
尖锐的思念
刺在心口
却听不见秋天的半点回声
年年骊歌
长成河畔的青草
谁的心事
在水一方

乱世蛙人
瓜洲岸，芦荻飞，长帆落日两相违……

L
随风起诗的男子——程峰。

吟呻徐行
秦风《蒹葭》，最得风人之至。王国维如是说。也特别喜欢这首风人之至，极具婉约之美。小女也就是您侄孙女就取名露葭，是谓“蒹葭苍苍，白露为霜”之意。

你始终存在
触手可及的梦境
却没有一叶扁舟
可以抵达
那等在白露里的容颜
不知风霜过后
伊人独立
在哪一个天亮

在和顺古镇，蹭了一回模特。邻家小妹的清纯，让人仿佛回到了古代。

倒叙

树枝上没有你想要的结果
冰雪中幸存的树叶
摊开已经枯萎的手掌
没有高出过你的目光
多么残酷的冬季
理想纷纷冬眠
你可以读懂的掌纹
总是比命运晚了一步

有时候
色彩只是一场美丽的误会
譬如说这些灌木
阳光都看不透它的想法
你需要练习屏住呼吸
才能到达同样的境界
成熟来得轻而易举
青春却如流沙
不断从指缝间流失
生活的阴影在不断加深
你的某一次奔跑
最终还是输给了秋天

南极penguin
华山论剑，南派高手。

灵魂de井
华山…… 👍👍 勾起了我27年前的回忆。😂😂

冯永华
龙脉？要踏着照，寓意脚踏龙门释傲笑，手指苍穹展胸怀。

你曾经沦陷
在一个人的影子里
无可救药的浪漫
你一直后退
有一只脚踩到了
夏天的边缘
植物们在密谋着
将阳光挡在
过于强烈的困惑之外
每个夜晚
你习惯仰望
直到天空中开满了星星

你最喜欢的花朵
都被摄影师安排在春天
听说与蝴蝶还有一次约会
这就是云朵为什么
会漂浮在湖面上的部分原因
飞鸟的迷茫会加重
翅膀的负担
你最初抵达的地方
不过是冬天与春天的交界处
那个时候
春播才刚刚开始
爱情还没有来得及发芽

以塔之名

此刻，如果你跌倒在草地上
我会跑过去
将你一把扶起
就像扶起
一个千古美名
且让一辆马车
从中世纪驶来
载走一车的闲言碎语
可惜，你没有

你花了100年学会站立
却准备用900年倒塌下去
这个漫长的过程
让一个名为比萨的小城
以足够的耐心
等成了一个奇迹
总有人试图用手势
将你扶正
而另一些人则用目光量度
你倾斜的角度
在直立与倒塌之间
你可以作一个决定
可惜，你没有

在哲人看来
你需要扶正
在一位诗人的眼里
倾斜是一种风格
据说真理常常存在于
直立与倾斜之间
美就是某种不确定性
让人着迷的不是倒塌
而是它的过程
你还可以继续倾斜
可惜，你没有

陈真
诗情旺盛啊！

小雨滴
好像在继续倾斜，诗人！

你的幸福在别人的眼里

几米说：一个人总是仰望和羡慕着别人的幸福，一回头，却发现自己正被仰望和羡慕着，其实每个人都是幸福的。

只是，你的幸福，常常在别人的眼里。

生活中，我们常常会听到形形色色的羡慕嫉妒恨：有人羡慕别人的生活，羡慕别人的事业或者家庭，有人羡慕别人拥有的财富……

问题是，这些羡慕别人者本身也有自己出色的事业和感情生活，甚至于拥有一般人无法想象的巨大财富，他们经常就是别人仰望的对象呢。

偶尔，相约跟朋友聊天，也会碰到看起来各方面都很优秀的人，某天神情落寞地诉说自己的不幸福，说到伤心处甚至痛不欲生。

小雨滴

有时候，人生的迷惘不是因为以为自己不幸福，而是因为暂时不知该选择怎样的路。一旦明白，越简单，越幸福！

程大爷回复小雨滴

小时候，总认为幸福很简单，长大了，才明白：简单很幸福！

故乡

幸福就如你穿的鞋子，与外表光鲜无关，只有你自己知道。

卿云居士

太多的人身在福中不知福，这山望到那山高！

在丽江，一对正在拍摄婚纱照的新人。

在川北有一个叫“芦花镇”的地方，我们被老人和孩子的眼神吸引了好一阵子。

我总是微笑，安慰他：在别人的眼中，你的一切都是如此令人羡慕呢。

我会帮他分析，他的那些小小的痛苦跟他所拥有的巨大幸福相比，简直小菜一碟哦！

更多的时候，幸福应该只是一种个体心理感受，一个无法量化的主观指标。

每个人都有他自己获得幸福的途径与方法，搞笑的是，我们很容易看到别人的幸福，而自己的幸福好像经常需要别人的提醒。

幸福不是得到的多，而是计较的少，幸福不是你功成名就，而是你知足感恩。

你羡慕和仰望的，那是别人的幸福，而你的幸福，常常在别人的眼睛里。

透过别人的眼睛折射出来的光芒，你会看到那些光芒中反射回来的温暖动人的、你的幸福。

我一定是被春天粘住了

我一定是被春天粘住了
她的霏霏细雨
是黏性十足的茸毛
粘住了我的双手
我向春天举手投降
像一个败兵之将
她的阵阵暗香
粘住了我的鼻子
我自愿打开味觉的城堡
向春天献出心底的秘密
像一个快乐的花痴
她的缤纷花瓣
粘住了我的眼睛
我故意装聋作哑
听任春天忽冷忽热的摆布
像一个没心没肺的稻草人
守望在茫茫无边的春色
她的新芽和嫩草
粘住了我的脚步
我试图逃脱
这春天无处不在的蜘蛛网
却执迷不悔地跌入
柳絮编织的温柔陷阱
像一个愚笨的士兵
一只自作聪明的蜜蜂
看似逃出了二月
却从一朵花又回到
另一朵花
从一棵树又回到
另一棵树
从一粒露水又回到
另一粒露水
最后
她还是被三月抓住了
像一个灿烂的俘虏

有一个春天叫“华农”。

春天是一个勤奋的孩子

天地间
这无边无际的舞台上
一个名叫春天的孩子
正表演才艺呢
表演了杏花春雨
表演了蜂舞桃花
然后，也不休息一下
接着又表演了梨花飘雪
木棉点灯
据说将油菜花铺成花海
是她的拿手好戏
而辛夷花落满小径
则是她的独门绝技
只在大山深处偶尔露一手
一般不会轻易示人
她弹奏着钢琴
于是百灵鸟开始歌唱
她吹奏长笛
山雀子开始跳舞
她还会来一段摇篮曲
让我们入睡前
总能听见
那一声蛙鸣中的故乡

春天是一个多才多艺的孩子

她一刻不停地挥洒画笔
把湖泊画成镜子
好让山脉能照见自己的脸庞
她把道路画成彩色的绳子
缠绕在田野的腰间
她生怕冷落了田间地头
荒野山角
所以一律都要画上紫云英
画上苦菜花
画上地米菜
画上低头吃草的水牛
为了不让散落原野的小村落
感到孤单
她又画上秧苗麦苗
画上豌豆荚蚕豆荚
画上春播的忙碌奔波
再画上丰收的希冀与渴望

春天是一个勤奋的孩子

她不停地挥舞她的水袖
于是春风吹拂
吹绿了江南
吹绿了塞北
她泼洒着雪花酿成的乳汁

于是春雨绵绵
喂养了大树
喂养了小草
她敲响早读的钟声
于是春雷滚滚
唤醒了你的睡眠
唤醒了我的梦想

春天是一个善良的孩子

S U M M E R 夏天

如果这个时候有风

如果这个时候有风
你的梦
会朝哪个方向
去飘舞

如果这个时候有云
你的心海
会有怎样的颜色
在涌动

如果这个时候有雨
你的眼神
会让哪颗流浪的心搁浅
在沙滩

如果这个时候有你
我的信念
像惊涛中的礁石
不动摇

龙兄
好诗！诗心未泯啊！

梁环
真的如礁石不动摇？

静子
此时此景在耶鲁，午饭后和同伴们漫步在这宁静的校园，带着雨的我的眼神充满对未来的期许！相信风雨后见到的是彩虹！很美的诗句，如果这个时候有风雨！

风吹过发梢，你看着我，我看着远方。

那些年，被偶尔丢失的灵魂

灵魂和肉体是不是两个相对独立的世界，这个问题，纠缠了人类几千年，争论了几千年，至今未必有令人信服的答案。

然而，在我的家乡腊里山村，人们很早就相信，灵魂偶尔是会被顽皮的孩子丢失在旷野里的。可以证明这点的是，灵魂出窍的孩子，往往会久病缠身，发着低烧并且在睡梦中胡言乱语，还会突然惊醒，表现为魂不守舍的样子。

每次遇到这种情况，村里有位会算命的魏秀才就会故作神秘地得出结论："惊吓过度，魂飞魄散，得赶紧把孩子的魂喊回来！"

为了让迷路的灵魂找到回家的路，并且回到孩子的身上，大人们会选择某个漆黑的夜晚，一手拿着孩子穿过的衣服或者鞋子，一手提着马灯，沿着孩子放牛时常去的田畈、打鱼摸虾时常去的沟渠边上、然后是孩子的学校或者某处被孩子们当作滑梯的黄土高坡，边走边喊。

拍于故乡湖北赤壁腊里山村。

比如我儿时的小伙伴马兔儿有一次病得很重，他爸爸妈妈还有他哥哥马牛儿就到处喊：“马兔儿啊，你快回家吧！”又或者“马兔儿啊，你爸妈在家等你回去吃饭呢，你现在就回啊！”

有时还声泪俱下，我当时暗想，诸如此类的话，马兔儿的灵魂如果能听到，应该会跟着回家的了，因为，再贪玩的孩子，听说母亲哭了，还是会挺难过的。

经过几个晚上的“喊魂”，如果孩子的病如愿以偿地痊愈了，大人们就会如释重负地教育孩子，以后不要玩得太晚回家，太黑暗的地方不要去，晚上看见了什么怪异的事物，一定要赶紧跑开之类。

如果孩子的病没有好转，大人们就会认为是孩子已经去世的爷爷奶奶，因为想念孙儿，回来看看，孩子的魂会跟着爷爷奶奶走了。

这个时候，就要准备些香烛和冥钱，天刚刚黑下来，就在路边点燃香烛和纸钱，边作揖边祷告：“爷爷奶奶啊，马兔儿的魂不知去哪里了，你们帮忙找找吧，让他回家吧！这些纸钱是孝敬你们的，让马兔儿早点回来吧……”有时还会边哭边喊，以显示心急如焚的情状。

马兔儿得重病的那次，他爸妈连续几个晚上多番“喊魂”烧纸，结果马兔儿的病还是没有好转。

这时候，有人建议还是得请村里的“王郎中”过来看看。王郎中不同于人们常见的招摇撞骗的江湖郎中，他只是祖传了一些草

药方子，略懂一点中医，平时还要种地放牛，帮左邻右舍看病纯属偶尔客串，分文不取。

当时王郎中还在畈里耕地，被人喊去看病，他就洗洗脚上和手上的泥巴，急匆匆地赶去马兔儿家，把把脉，观舌苔，便说这孩子得了伤寒，接着便起身去凤凰山上或者北干渠那边的田间地头采摘草药，交给马兔儿父母，声称遵嘱煎药喂服，两三天可愈。

交代完毕，又继续耕他的地去了。然而，王郎中的草药煎服后还是无效，马兔儿爸赶去王郎中家的地里，帮忙把活儿干完后，晚上又请他给马兔儿刮痧，拔火罐。

田田

想想小时候的事还是很有意思的。

各式土方子均告失败之后，马兔儿爸极为不情愿地去请村里的赤脚医生雷医生。

雷医生受过一点中西医培训，虽然他只有一只眼睛，但是，在看病这事上，村民们还是觉得他独具慧眼呢。

雪

小时候的事情记得好清楚，是这么回事，那时候的人们太可怜了。我们也是一样！

当他看到被刮痧及拔火罐弄得皮开肉绽伤痕累累的马兔儿时，拿出听诊器听了前胸，又听了后背，用手摸了额头又摸了脖子，于是神情凝重地说，得重感冒了，再耽误下去，可就发展成肺炎了，要打针才好得快！

程大爷回复雪

属于一个村庄的历史记忆！

接着雷医生又批评马兔儿爸，你们这些大人，为了省几个药钱，不带孩子找正规医生看病，尽搞些“封建迷信”，要等孩子病死了你们才知错吗？

接着又说，上次你家大儿子马牛儿打针的钱都还欠着呢，今天你带钱来了吗？

宋涛

东北可能还有一段“大仙”跳大神！

马兔儿的父亲一边摸索着空空如也的口袋，一边流泪哀求着说，雷医生啊，能不能先给孩子打一针啊？我这就去他舅舅家借钱。

午夜的街头

从东风路往东
再走几个小时
肯定可以走到黎明
我蔑视
仪表盘上的时钟
一到夜晚就不够淡定
电台里情话绵绵
听了半天才懂
原来每个童话里
都有一扇窗口
画着月亮
或者星星
我胡思乱想
快速翻了几遍
暗淡的星空
眨了好几下眼睛

然而现实
常常会受挫于
一些微小的事物
比如
一颗生锈的钉子
它不怀好意
埋伏在暗夜的深处

当你走近
它跳了出来
不由分说地
将你饱满的情绪
戳穿一个小孔
最终导致了
车胎漏气
红色的警报标志
提醒着
你必须放慢速度
不要和北风比试高低

医生说
需要一个修车师傅
才能治愈
急性发作的抑郁症
糟糕的车况
不可救药地导致
孤独感降临
一个男人独自驾车
缓慢走在午夜的街头
像一个梦游者
沉迷于自己的错觉
夜幕中的万物
依然富有自由精神
从梧桐树的间隙漏出
昏昏欲睡的灯光
人行道上
拾荒者
拾到一颗破碎的心
垃圾桶口无遮拦
口气大得惊人
泥头车格外任性
它牢骚满腹
无人敢碰
一辆跑车与我擦肩而过
车里的富二代
仿佛急于要
去追逐
另一个旧梦

向往原野
一开始觉得图与诗不搭，转念一想，还是搭的。

程大爷回复向往原野
其实我的车胎被钉子扎了，我今天要用车，所以昨天晚上半夜到处找地方修车，呵呵。

辣椒烧鱼

星期天上午，幺弟开车带我和二姐以及老母亲一起回乡下菜园摘菜，顺便做一顿柴火锅巴饭吃，这差不多是我们每次回到腊里山的保留节目了。

二弟和姐夫在天未亮时就先开车到达了腊里山，他们的爱好是钓鱼。

老屋的左边就是一条河，可以算是个绝佳的钓鱼场了。我们到老屋时，二弟他们已经钓到了好几条一斤多重的野生草鱼，还有黄骨鱼、白鲫鱼、小鲤鱼几十条。

中午我们就准备摘了菜园里最辣的朝天椒，按照最乡土的家乡做法，用柴火灶上的大铁锅做辣椒烧鱼。

做法其实极其简单的：先用枯树枝烧火，将一口半米见方的生铁锅烧得滚烫，然后倒入菜籽油，烧热后将剖好洗净的鱼整条放入煎至金黄色，加水和辣椒及调味料煮至鱼汤呈奶白色，辣椒烧鱼即可装盘上桌。

在儿时的记忆里，用刚刚煮好的鱼汤泡锅巴饭，是一年中难得几次的至高享受。所幸，尽管现在物质极大丰富，尽管很多曾经的美味佳肴如今感觉平淡无奇，但是，唯独这道家乡河边上的辣椒烧鱼，仍让我们能吃出跟几十年前一模一样的味道来。

每一次吃辣椒烧鱼，小时候那用鱼汤泡锅巴饭

林添泉
每个人的记忆里，都至少有一道儿时的美味。

云天
你这一炒作，腊里山恐怕要火一把了哇！哈哈。

Pengqi
舌尖上的腊里山河鱼+锅巴饭。亲情与儿时的回忆充满了老屋的每一个角落，鱼汤就跟着锅巴饭的味道让远在千里之外的我们也口水直淌，意念间不仅想念起利川腊肉炖山药的味道来……

的幸福感受，就会瞬间穿越长长的时间隧道，电波一般，激活我日渐麻木的味蕾，直至抵达我的脑海和心田。

就在这一刻，我才发现，那永远逝去的几十年前的乡村时光，不只是充满了艰难困苦，偶尔，它也是有滋有味的。

宋涛

吃的是美好记忆，如同对一件心爱的东西有了深厚感情。

上善若水

赤壁市是否是当年曹操与孙刘联军千古一战之地？

程大爷回复上善若水

正是三国古战场！火烧赤壁，曹操大败！苏东坡《赤壁赋》所写“乱石穿空，惊涛拍岸，卷起千堆雪”的情景依然如故，只是东坡错赋，将黄冈赤壁误当古战场！呵呵。

巴克

想起那一年去你家，你弟弟好像刚考上大学。一眨眼人到中年。

程大爷回复巴克

30年啦，人能不老吗？呵呵。

一瓣荷花里的故乡

这个夏天，我的睦邻马明摇家的荷塘里开满了荷花。

这是我八月初同乡弟一起回腊里山时才知道的事情，而且，很有可能是自从我二十多年前离开家乡去广州谋生后至今，仅仅隔着一道小河堤直线距离还不到一公里的那个阔大如湖的荷塘，每一年的夏天都如同今年夏天一样，开满了荷花。

这么多年来，几乎每一次回到腊里山，我总能见到嘴里似乎永远都叼着一根劣质香烟的马明摇，用捞鱼的网兜兜着一条十多斤的草鱼，慢慢悠悠地来到我们家，他热情洋溢地说，你这么远回来，我没什么东西送给你，知道你们爱吃鱼，我这鱼塘里的鱼，从来没放过饲料，都是吃草长大的，用辣椒烧，挺好吃的。

接下来，他还会细致入微地描述他的鱼塘面积，鱼的种类，偶尔还邀请我和北京回来的二弟有时间去他的鱼塘钓鱼呢！

只是我认为去别人家鱼塘钓鱼跟去别人家抽屉里拿钱一样，这种事除了城里的干部之外，稍有良知者，都不会干。

所以，我们一直没有去过马明摇家的鱼塘，也是担心善良好客的马明摇非要我们在他的鱼塘钓鱼不可，要知道，在我们家乡，亲戚朋友之间，热情起来，几乎是无法拒绝的。

可是，马明摇从来没有跟我们提起过，他那个巨大的鱼塘其实是个荷塘。

他从没有说过，夏天回来时可以去他的荷塘观赏荷花，以至于今年夏天，我和幺弟在小河堤上看芝麻花时，忽然看到那个被芝麻地环绕的荷塘荷花盛放的美景，惊讶不已。

我感觉到，这个被它的主人所忽略甚至被遗忘的美，在我最熟悉的乡野，却如同一个陌生人一般与我不期而遇了！

当我们跑近荷塘，举起相机拍照时，正在荷塘边摘莲蓬的马明摇的妻子像看到外星人似的看着我们，她说，今年的荷花远远没有去年的多。

她说，农村人谁会来看荷花呢？她说，你们跑这么远回来就是为了看荷花？

我说是的，早知道你们家鱼塘是荷塘，我想每年回来都会去你们家的荷塘看看的。

我想象着暮春时节，在细丝线般缠绵的梅雨中小荷才露尖尖角的情景，初夏时粉嫩的花苞小心翼翼探出水面的情景，夏末时，荷花张扬、莲蓬因为成熟而低下头来的场景……

我想，马明摇早点告诉我，他的荷塘里夏天会开满荷花，那我肯定就不收他的鱼了。

马大嫂好像猜到了我的心思，她摘下最大的一个莲蓬送给我，说从来没想

到我们会喜欢看荷花呢。

这鱼塘里，这么多年每年都有荷花，从来也没有见过有人专程来看荷花呢。

她说，这个莲蓬有点老了，但还是很好吃呢。

我收下莲蓬，没舍得吃，就自顾自地继续拍照，直到老母亲站在小河堤上喊我们回去吃饭，这才收拾心情回到老房子。

一进门就看到小桌子上放着一竹篮子刚刚采摘的莲蓬，母亲说，是马明摇的妻子送给我的，她不无歉意地说马明摇今天恰巧不在家，所以，没法捞条大草鱼给我们吃。

我听罢，不禁莞尔。

向往原野

至此，江湖上除了得胜牛之外又有了明摇花的传说。喜欢你的随笔。

胡宝心

您笔下的乡土人情充满温暖，而镁光灯下的荷花则清丽脱俗！

老黄牛

马家荷塘是近几年才推的，主要是湘莲，以采莲为主，藕几乎没有产量，所以以前无荷花就在情理之中了！

Pengqi

莫言在《蛙》中，描述乡里景物与人物时，多是这样的语音与叙事手法，这里重在景，人物起素描状，以景带出情感，而《蛙》则重在人，因为他在后面要讲“人”。不知猜中否！

程大爷回复Pengqi

我真心觉得彭兄对文字的鉴赏能力是可以比肩专业评论家的！你看得很准，我确实是用白描的手法叙事，我想表达的是，我离开那里之后，其实那个地方就是另外一个独立的世界，而且，与我现实的世界无法合二为一，这就是乡愁的源头！在一个你认为熟悉的地方，你与一种陌生的美不期而遇，这种冲突，又是一种发现！写文章的最高境界，就是让人看不出技巧，但又感觉技巧无处不在，我或许正想追求这样的一种境界吧！呵呵。

小雨滴

我尤其喜欢“亲戚朋友之间，热情起来，无法拒绝”，一样的乡情！

删除

将天空删除
只留下云彩
世界没有了边界
因为自由
小鸟学会了克制
而人类
拥有了无法定义的虚无

将草原删除
只留下花香
两匹马驹赛跑
风在后面紧追不放
最终胜出的
却是
早已跑到天边的野花

将夜晚删除
只留下月亮
它的空洞
吞噬着诗人
过于丰富的想象
一首歌被寂寞改编
流星雨落入神话
它们的影子
弄皱了湖水的平静

意大利的街头艺术家。

雷雨前空旷无人的梵蒂冈广场。

将睡眠删除
只留下梦境
这个唯一的通道
多年以后
我邂逅了自己的童年
草垛上的积雪在快速后退
屋檐下的冰凌
看起来晶莹诱人
我搓热双手
差一点就摸到了春天

将我删除
只留下你
那些泛黄的青春
早已随风而去
我仰头看天的表情
被一场雨淋湿
年少轻狂
埋藏在一张旧相片里
而生活
却无意中揭穿了
一个人的往事

Pengqi
蓦然回首，发现一切都难以删除，记忆的驱动程序主宰你和我。

不能丢弃的旧物

腊里山的老房子已经30多年的历史了，但是，现在它里边的家具却历史更为久远。

上星期天到老屋去时，天气酷热，老母亲不知从哪儿搬出一把破旧的台式电风扇，一阵嗡嗡乱响之后，果然凉风习习。

老母亲说："你看看这把电风扇质量有多好啊！当年我们村的第一个大学生魏辉高考前借这把电风扇用了几天，结果就考上名牌大学了。所以，你们千万别把它丢掉了，现在买不到这么好的东西了！"

母亲说这话的原因，是因为我每次回老屋就嚷嚷着要把这些塞满好几个房间的旧家具都扔掉，然后添置点新的。

可是，我一眼就认出了这把电风扇，它可以说是我们家除了手电筒之外的第一件家用电器了，同时也是我们村第一把电风扇哦。

30多年前母亲从合作社买它回来时我们全家欢呼雀跃的情景还历历在目呢。

我明白母亲不舍得丢弃这些旧家具的心情，与其说是它们还有使用价值，不如说这些老东西身上承载了那一段段再也回不去的旧日时光，当然，还有浮动在那些记忆中的一片片苦辣酸甜的鲜活场景。

老母亲或许担心，丢弃了这些旧物，她对

于过去时光的记忆就会变得不够完整，就好像真的失去了它们一样，尽管那些苦难的日子带给她的痛苦远远多于快乐！

赫尔穆特·贝尔格说：“最好能在生活中习惯失去，这样，便能帮我们省掉许多悲伤。”

当然，在人年轻时，不会觉察到时光流逝的速度，迎面向生活奔跑，习惯得到，也轻而易举地习惯失去，有些东西收着，不舍得丢，后来真的丢了，发现也没什么了不起，这种感觉是轻松的！

但是，对一个年迈的母亲来说，要做到“习惯失去”实在是有点难度，尽管，人这一生，一路走来，就是一路失去，谁都无法抗拒这个残酷的事实。

我看着老母亲用抹布反复擦拭旧台扇上的灰尘时，忽然理解了母亲对这些旧家具的感情，老房子以及这些老家具的存在，对母亲心理上是一种巨大的安慰。

这些旧物其实是有生命的，在过去的漫长岁月里，它们就像某种宠物一样伴随着母亲。

母亲的日常生活离不开它们，她信任它们的质量就像信任一个品德高尚的人一样，她依赖它们就像依赖自己的子女一般，这是一种不忍割舍的情结。

如果丢弃它们，就意味着某种意义上的失去，悲伤，就难以避免吧？

徐昌武

同感，上次我丢了父亲从老家带到赤壁的方桌，有屉子的，我父亲伤心了很多天，现在还在唠叨。那是他置的，上面凝聚了他的心血。

小雨滴

或者一台旧电风扇，或者一顶旧帽子，或者一本发黄的挂历，与我们相关，是因为围绕着这样物有太多难以磨灭的记忆。

王俊卿

享受与父母同处时光是幸福的，尽管并不似儿时的心境。

Pengqi

触景能生情，触物亦然也！景物之外，都是些难以割舍的回忆。天下辛劳一辈子的母亲们，大多莫不如此！随着年岁的不断增长，越发强烈，因为人生就像一路走来一路失去，失去的越多，想留住的越多。情乃文之母，信手拈来出美文，不用谦虚！

夜访天游峰

是那条小径将我引到你的脚下
那条青藤般的小路
它离城市很远
离黄昏很近
它在夏天和竹林之间
静悄悄地拐了好几个弯
我推测
它一定通向夜晚

要是在白天
你的热闹与名气
会让人感到渺小
当夜色涂抹了喧闹
游客被删除
甚至门票也被省略
像身不由已的明星
卸下面具后
你终于做回了自己
你的沉默让世界静止
群山屏住了呼吸
风停止了脚步
借着夜色
我看到你将头颅枕在一朵云上
没有谁能读懂一座山的心思
除了那条青藤般的小路
成名已久的大山
从来不需要表情
我大喊了几声
你仍然一动不动
于是我相信
没有一个夜晚能让你沉睡
也没有一个黎明能让你醒来
你守着亿万年的秘密
遗世的孤独
你的内心
人迹罕至

见惯了闪电雷鸣
我知道
你对世界的态度
不会因为一场小雨
而轻易改变
甚至于雷电的轰击
也不能阻止
山崖上的一棵小树
保留了风的姿势
从这个夏天开始

我的生活与一座山有关
与一场最终没有到达的雷雨有关
很多人感受过你的冷漠
只有今夜是个例外
当我爬上山顶时
你在天上画满了星星
而当我开始下山
你竟然送给我一块月亮

小雨滴
好诗！很多句，都好喜欢！最后一句，“一块月亮”，可如“一弯月亮”？虽俗句，却似乎颇合全诗意境，还对着“满天星星”。拙见。请谅！

程大爷回复小雨滴
呵呵！好建议！谢谢周老师！祝国庆节快乐！

小站漫步

列车晚点的通知
在我到站三分钟后
准时播出
习惯了播音员的嗓音和
她的遗憾
晚点于我
是家常便饭或者说是
一见如故的朋友
在站台上
极力装作悠闲的过客
欣赏匆匆忙忙的脚步
沉重的包裹们
以及
与我并不相干的车次
这才发现

程大爷

大学二年级时写的一首小诗。2014年10月份去意大利的一个小渔村那里恰好有一个小得不能再小的火车站，像我写这首诗时所到达的那个站一样！情景再现。

梁环

那匆匆而过的高跟鞋是我晚点的证据，我多么希望开出的列车还会回来的传说是真的！

王俊卿

👍再现？重来！有多少爱可以重来！

有许多眼睛委屈在车窗里
他们一定羡慕
我有足够的时间和
选择方向的自由
没准会把我的消息
带到北方去
带到南方去
带到东、西方去
如果幸运
在日后某个陌生的黄昏相遇
他们准会对我谈起
某月某日某个小站
一位少年在站台散步
他好像漫无目的

独居一室

哥们走后
窗帘像一块心病
遮掩了许多日子的阳光
一个人的房间
空空荡荡
抱来再多想象
还是填不满
几张空床
只好与不肯开花的塑料盆景
讨论征婚启事
骂谁的娘
却没有人反对
在镜子前
观察胡子的生长速度
研究哪一副表情
最具保存价值
然而乌鸦的叫声
无论如何译不成
动听的诗句
蛙鸣最好听作是
一首流行歌曲
此时对门那人

程大爷
大学三年级刚放暑假，室友都回家了，我由于准备参加一个社会调查活动，便独自一人住在36号楼311室，晚上写下此诗。今天翻出来一看，靠，被程大爷的预测能力吓坏了！分享一下，以此纪念“11·11”，哈哈哈！

乱世蛙人
是“蛙鸣听作一首流行歌曲”吗？哈哈哈 您老兄太厉害了，几十年前就预测到蛙式交易了。

周伟
神诗！27年前就预测到阿里巴巴。

程大爷回复周伟
是啊！预言了单身与阿里巴巴有关！哈哈。

高声在唱：
噢 芝麻。什么玩意儿
开门吧开门吧
会有人敲门吗
那敲门人一定是
阿里巴巴

写给九曲溪

竹筏是一个比喻
隐藏在历史的深处
从九曲开始
将一群人的命运
安放在同一条船上
溪水流淌着梦呓
天空的倒影充满了暗示
一竹竿撑开去
我离开清晨
开始体验
一段曲折的人生

一千年的时光太长
请借我一个夏天
或者夏天里的一个下午
在第一个曲折之前
请让我把目光交给流水
把头发交给风
如果夏虫愿意
请让我
把思绪交给远处的鸟鸣
当云彩漂浮在水面
松树在峭壁上招手
没有人会关心水的深浅

竹筏终于越过险滩
这里是五曲
一些风景已经逝去
一些风景却远未到来
从三曲往后
悬崖上数千年的悬棺
开始展示死亡
文明与战争
喑哑于洞穴
腐朽的木头散落如词语
寓言越是古老
便越是伸手可及

一曲是一个故事的结尾
和另一个故事的开端
曾经泛滥的河水
据说跟爱情有关
很多年过去了
玉女峰变成了会流泪的石头
她与天王峰
仅仅相隔一个神话的距离
与死亡相比
爱情短暂得像一滴露水
只是沉默
让相思凝固成化石
在两块石头里
人们意外地发现了永恒

流水无言
回忆是夏天的背影
憧憬是更远处的山峰
它们都无法挽留
竹筏靠近终点
没有什么事物
会尾随而来
流水不会记得
八月在这里拐了九个弯
九曲溪
我不是游人
只是一个过客

老黄牛
诗意像九曲溪一样曲折缠绵，耐人寻味！这一首在博客里读过！感觉不错！

BINGO
今天睡眠不好，半夜醒了，原来没吃药，现在好了，后半夜能睡个好觉了。

向往原野
诗句将我闪回。

林添泉
最喜欢“一段曲折人生”。

亲爱的海水

马尔代夫的水手，天生的海之骄子！

我能感觉你的心跳
积蓄的能量
在飞机上
三万英尺的高度
你的深沉让我
陷入无边无际的遐思

触摸你的蔚蓝
在凌晨六点的马纳罗拉
星光缀满心空
我听见
风在橄榄树林里
窃窃私语

阳光涂抹
银色的沙滩上
千百年的海誓山盟
散落一地
我能感应你的痴情
在黑色的礁石上
一遍一遍
刻下深深的吻痕

能闻到太阳的味道了
一群阳光飞来
在波浪的脸上跳舞
长发披肩的歌手
让海水流浪
在木吉他的伴奏下
乡愁
像一条似曾相识的鱼
突然游进
那个人的心里

而远方的诱惑
是不可抵达的地平线
你给我的颜色
我竟然无法承受
十月的海水正蓝
蓝得让人想哭
想画一幅肖像
在风中
为你写的一首诗
忍不住
沾染了一丝伤感
和几粒拍不掉的细沙

徐昌武
这首诗特别美，你是专家，我最多是个爱好者。因为爱好，所以倾慕。🙂

烈风
令人心碎的蓝。

静子
那片海在您的笔下变得硬汉柔情般浪漫！
🌹🌹👍👍

天天开心
地中海真美！远离喧嚣的城市和人群，放下工作和其他一切，躺在海边沙滩椅上沐浴着阳光的感觉很不错，那才叫享受生活。

花朵是一种暗喻

我相信母亲应该是早就知道马明摇家的荷塘年复一年地开满荷花的，我没有去问她。

在母亲看来，荷花是没有什么意思的，简直就不值得她一提，甚至还不如土豆和番薯有价值呢。

从物质极度匮乏年代走过来的母亲，不仅自己经历过食不果腹衣不保暖的饥荒年景，而且还亲眼看见过不少族人活活饿死的悲惨场面。

这就难怪在母亲的眼里，所有的植物基本上只分为可吃的和不可吃的两大类。

自记事以来我就知道，我的父老乡亲们对粮食和瓜果有着深刻的感情，而对花朵这类只好看而不能吃的东西从来都是熟视无睹的。

前几年给母亲买了部诺基亚的手机，母亲给我打电话的次数就明显多了起来，几乎每次都说到腊里山，说到老房子和菜园。

她会说今年秋天的南瓜和冬瓜都丰收了，会说夏天的辣椒和豆角长势不错，偶尔也会听到她抱怨菜青虫把菜园里的大白菜咬烂了，担心气候干旱萝卜长不大……

但是，春天时，母亲从来没有跟我说过陆水河的河滩上紫云英开花了，也没说过老房子后边山上的野蔷薇开花了。

菜园里三年前栽下的桃树挂果时，母亲就很欣喜地打电话告诉我了，可是，清明节前桃树开花的事，她没告诉我。

李子树结果了，她说可能有100多斤呢，树枝都压弯了，可是，李子树开花时，也没听她说起。

刚刚过完端午节，母亲说趁着天气好的时候，把菜园里的油菜籽收割了，送去村里老吴家的土榨坊，出来几十斤菜油呢，可是，油菜花开时，母亲也没说过……

我知道，挨过饿的老母亲从来不会关心花朵，她在乎的是果实。

所以，母亲不仅不会留意到马明摇家的荷花，而且，对于我们家的这位芳邻，有一棵桃树由于长得太高而将几根枝丫伸到我们家院子来影响了洋葱的长势这件事，还向我小声抱怨过几句呢。

尽管在春风拂面的三月，那越墙而过的邻家桃花顺便也把老房子打扮得满园春色花枝招展，让我喜不自禁，可是，母亲还是更心疼她的半畦洋葱被挡住了阳光雨露呢。

只是，对于像我这样远离故土家园的人，游子的情结难以名状，吃饱饭后，总是喜欢想象故乡的田间地头那些花开花谢的醉人场景，喜欢在梦里梦外灿烂一如花痴。

离开家乡20多年了，故乡于我，熟悉而陌生，亲切而疏离，正如韩松落所描绘的那般，“那是存在于梦境、思维或者空间里的另一个世界，是另一种人生。那个世界，那种人生，或许正是我们某部分乡愁的真正来由，夕阳西下时刻没来由的惆怅，落叶长街上不明原因

dian

我有问题：为啥木有父亲？

程大爷回复dian

还没写到父亲那个部分！再说了，我父亲和母亲一生中总是吵架，不能放一起写的，呵呵。

dian回复程大爷

你的意思是，一起写，文字都会打起来是吗？

程大爷回复dian

有这个可能性，呵呵。

马强

每个人都有个回不去的故乡……

Pengqi

居有定所，而心灵流浪中……

雨下

故乡就是那个熟悉又陌生的地方，年少时一幕幕清晰又模糊的场景～～

腊里山的老房子，春天桃花盛开，翻墙而入的情景。

的孤寂，或许都因为，那个世界不能和我们合二为一。”

是的，从我们背起行囊离开乡土那一天起，我们人生中最初的那个世界——我们厮守在故乡的童年和少年，便如同花朵一般，零落成泥，留在了遥不可及的记忆里，然后，随着岁月流逝渐行渐远。

我们可以时常想念，却又永远回不去了。我们所眷恋的土地、乡情和母爱从没改变过，是我们不知不觉中走得太远，某一天突然困惑于当初为了什么而出发。

在这儿，花朵，便成了我沾染乡愁的诗歌中的一个意象，一种暗喻罢。

黎明

是你唤醒了我
是你用一抹婉约的亮色
摇晃着我
婴儿般的睡眠
是你从甜梦中放飞蝴蝶
抚摸花朵神秘的呼吸
是你
从一颗宇宙的微尘中
洒落一滴露水
叮咚一下
将黑夜撞裂一条缝隙
我听见
从天籁中长出了
大地的耳朵

是你派遣风铃的信使
在落寞的林间
拦截了
夜莺的歌唱
迫使夜游神举起
薄雾的小白旗
而你不知道
它竟然包裹着一柄
锋利的鸟鸣
啄木鸟开始敲打树木
它的尖喙
不小心啄破了黑夜
坚硬的外壳
太阳睁开
一个小小的窗口
通往人间
我将从中喷洒而出的红色汁液
命名为：
黎明

巨章
实在太美的诗与画。

李辉
太美的意境，谢谢大爷带来的感受。

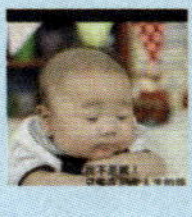
BINGO
半夜醒来，总觉得少了点什么，原来是好几天没吃药了，这回踏实了。坚持啊，每日准时发片。

P

给朱丽叶的信

从未到达
也不能被退回
一封信走在未知的路上
带着白露的谦卑
积雨云的疼痛
和梦魇中的神秘气息
一滴眼泪
悬挂在时间的边缘
等待滴落
马车一直奔跑
追赶着落日
天黑之前
爱上一个不存在的人
不是悲剧
唯一的挑战是
与莎士比亚来一场决斗
相思来不及流淌
便已冷却
成了化石

邮差收藏了你的痴心
却忘记通知你
查无此人
你等待的回信
是一朵被扭断的微笑
迷失在风中
没有一出戏可以证实
朱丽叶没有死
因为罗密欧没有生
爱情与戏剧
都是一种虚构的能力
你独自练习
无中生有
却没能躲开
一个人的流年
注定会
乱了
另一个人的今生

向往原野

一个人的流年注定会乱了另一个人的今生。太棒！

静子

看着这些诗句有种感受真切而会流泪的情绪！🌹🌹🌹

圣彼得大教堂门口，一个人在沉思。

可以触摸的故乡

居住在大城市里的现代人，向往农耕时代生活的越来越多。

原乡情结，在物质文明日渐发达的今天，是不少人情感深处不可触碰的一块柔软胎记。

环境污染是一个重要的因素，但是，心灵上返璞归真的需要才是深层次的原因吧？

每次回到腊里山，总是会沿着小河堤走几个来回。

不同季节的景致，确实有不同的味道。

早春时的地米菜和蒲公英，清明时的油菜花和紫云英，我都赶上了，没有错过。端午时节，稻田一片葱绿，河滩上野菊花朴实美丽，如同我的乡村姐妹们……

每次的流连忘返，每次的乡土乡音，都会令我回到广州后仍然回味再三。

我想，这一次打动我的，也许还有那抹从云彩的裂缝间透进的丝丝光影，或者，是野草中蜂飞蝶舞瞬间击中我的某个细节。

我相信，每一个远离家乡的人，都会固执地认为自己的家乡是最美的。

当然，我还相信，天下的游子都需要一个可以触摸的故乡，来安放他漂泊太久的乡愁。

Lilia
是呀，小时候向往大城市，现在又渴望山居的生活，是不是得不到的总是好的。

徐昌武
故乡的山野变得更荒芜，人烟变得更稀少了，房屋被岁月侵蚀得更破败，童年时的热闹，狂野与童稚只能回味。

谢季青
乡音依旧，景致依旧，变的是那份越来越浓的乡愁和故乡情结。

这一刻，我多么小

这一刻，我多么小
像一株细小的植物
匍匐在生活的低处
默默数着时光途经的脚步
这一刻，我多么小
像一朵雪花飘落
在无垠的旷野
困惑于梦想的六个方向
这一刻，我多么小
多像一个想和上帝妥协的苹果
渐渐散发出
暗红色的忧伤

曹孟鸣
这一刻，我多么小，像一盏微弱的灯，散发全部的热量，却驱不走冬的严寒。

雨下
这一刻我多么小，像一只无名的鸟儿，不停挥动双翅，却看不见蓝天和绿树。

我的名字你的姓

一缕青烟
是我走进你的唯一方式
夕阳恍惚
不忍卒读的黄昏
一部线装书被谁翻阅
萦绕发际的清风
来自远古
你在一个姓氏里漂浮
在另一个维度
审视
我黄色的脸庞

而我俗世的名字
顺着这条清澈的血脉
追溯至
被你击碎的洪荒
千万里不曾迷失的
巨大脚印
人文始祖啊
桥山的千年翠柏
是你隐匿久远的遗言
而整个世界
都是你的遗物

远方
这两年不见，程总风采依旧，无论是诗歌、小说还是摄影作品，都给人美的享受，程总的作品总是让人期待。

发呆的意义

很多人有“飞机恐惧症”，而我却相反，我是非常喜欢坐飞机的，尤其喜欢一个人坐飞机。

在几个小时的时间里，你似乎就可以将自己置身于纷乱的世界之外，无手机之乱耳，无案牍之劳形，可以精骛八极，可以心游万仞，简言之，就是可以尽情地不受打扰地发呆！

通常，人们会把发呆看作是无所事事时的一种百无聊赖，闲人成天发呆，吃饱饭就等着睡觉，醒着的时间基本上在发呆；忙人偶尔发呆，大约是处于两段忙碌时间中间的空白地带，忙里偷闲，抽空发会儿呆。

树对着它的影子发呆，我对着树发呆。　　李辉　摄

人们认为只有忙碌时才是在创造价值，发呆是浪费时间，所以，就是一种价值消耗，如果是这样的话，发呆就是一件完全没有意义的事了。

然而，有些人，比如程大爷之流，却非常喜欢发呆的感觉，不以发呆为耻，反以发呆为荣，通过发呆，不仅找到了很多棘手问题的解决途径，还顺便找到了人生的意义呢。

在办公室里待久了，你会发现总是有无穷无尽的事情困扰着你，交易时段，有时看市场看到困惑时，我发现与其死盯着显示器上的K线图表冥思苦想，还不如将目光投向天花板，去那儿寻求答案与对策。

当然，如果时间许可，最好的办法还是暂时离开办公室，哪怕是开车去郊外的某个湖边，某处山坡，某条小路，于人烟稀少之时，让自己跟自己独处片刻，你会豁然开朗，再大的事，就算是世界末日来临，你又能做什么，那又如何？还不如行到水穷，坐看云起，将头脑放空，安安静静地

你在我遥远的身旁。

发会儿呆好呢。

大学时代读西方哲学，常常一知半解，且困惑不已，比如读到叔本华，他说没有相当程度的孤独是不可能有内心的平和的。

他又说，一个人，要么孤独，要么庸俗。现在才明白，普通人的一生，缺少的不是热闹，而是孤独！

我们过度习惯热闹，而从来没有发觉孤独的缺席，这是多么悲哀的一件事啊！

黑格尔则指出了人们无法回归自己内心的原因：时代的艰苦使人对于日常生活中平凡的琐屑兴趣予以太大的重视，现实上很多的利益和为了这些利益而作的斗争，曾经过多地占据了精神上一切的能力和力量以及外在的手段，因而使得人们没有自由的心情去理会那较高的内心生活和较纯洁的精神活动，以致许多较优秀的人才都为这种艰苦环境所束缚，并且部分地被牺牲在里面。因为世界精神太忙碌于现实，所以它不能转向内心，回复到自身。

确实，在人群中，你忙着认识别人，只有在独处时，你才开始认识自己，发呆，或许就是那条让灵魂回归自己内心世界的“胡志明小道”吧？

赛赛

我也喜欢发呆，恍惚自己置身于世界之外，安静和祥和……

艾斯

普通人的人生缺少的不是热闹，而是孤独。

Pengqi

当你真正想清空大脑回归到哪怕是极短暂的冥想状态，你会惊奇地发现，那其实是非常困难的一件事！因为太难，所以能做到的人不多。

程大爷回复Pengqi

其实，打坐也是一种发呆吧？普通人习惯热闹，无法忍受孤独，所以，人们都活得匆忙，死得也匆忙，明白的人是如此之少，以至于他们都成了另类！呵呵。

我也曾如你般天真

有一个关于小学生造句的段子，说的是老师要求学生用“天真”一词造句，结果小明造的句子是：“我们家乡的天真蓝！”据说语文老师当即晕倒。老师怎么启发都没用，只好换另一个词，让他用“难过”这个词造句，结果小明造的句子是：“每天早晨去上学的路上那条小河真难过！”语文老师再次晕倒。

发笑之余，我禁不住暗想，小学生小明是不是真的不懂这个词的含义，还是因为这个词只是触碰到了一个孩子幼小心灵的某种灵性，于是不假思索地将它写了出来？

记得小时候，对于造句和作文，我们也时常一知半解的，闹出不少笑话。读小学五年级时，开始学写作文，我的同桌胡猪儿在作文本上写下作文题目《我的家乡》，总共写了三个句子，我至今还记得其中有一句是：“打开窗子一着，表子长得绿油油的，”教语文的魏老师气得大骂，你不去“看”，你“着”啥？麦子才能长得绿油油的，“表子”是什么庄稼？

接着魏老师又念了王蛤蟆的作文，“我的家乡在美丽的伏尔加河畔，那里有漫山遍野的大豆高粱……”念到这里，魏老师差点把作文本扔到王蛤蟆的脸上了，他厉声训斥道，你抄袭世界名著也就算了，地名得改一改呀，伏尔加河在苏联（现在的俄罗斯），你把修正主义的苏联当故乡，这就是反革命，你知道吗？这个作文要是被革委会王主任看到了，不抓你爸去坐牢才怪呢。王蛤蟆吓得小脸儿惨白，好在王主任那段时间忙着到处打狗肉吃，这事就没有传到他耳朵里。

念到我的作文时，魏老师脸上终于有了一丝笑意，他表扬我说，你们看看人家程山羊，就不像王蛤蟆同学嘛，他写出了对我们伟大祖国的真情实感，特别是最后一段点题了：“那天晚上，我做了一个奇怪的梦，我梦见自己变成了一头小猪，吃饱后幸福地躺在猪圈的稻草堆上……”其实这段是根据课本上的杨朔散文《荔枝蜜》仿写的，只不过，杨朔梦见的是自己变成了一只小蜜蜂而已。其他同学也有仿写，有的梦见自己变成了小牛儿，有的梦见自己变成了小蝴蝶，魏老师跟我们家是亲戚，所以就只表扬了我。

由于魏老师经常拿我的作文做范文朗读，同学们就认为我的作文写得好了。班里有一些调皮捣蛋的学生，打架斗殴，迟到早退，被班主任陈老师抓到的话，必定会罚写检讨书另加罚站。他们就以借给我小人书为交换，请我代写检讨书。

有一次王蛤蟆旷课去陆水河摸鱼，被班主任抓个正着，班主任先是罚他在烈日下暴晒一下午，然后要他写一封深刻的检讨书，王蛤蟆只好以帮我打两篮子猪草为条件，请我替他打造这封特别深刻的检讨书。

那段时间，腊里山村民兵连樊连长带人刚刚抓获一个破坏军婚的青年，据说他的罪行就是把一个现役军人的女朋友抢过来了，大人们说这个小伙子其实挺冤的，他所“抢”的女子并没有答应跟兵哥好，只是双方父母的意思，可怜他还是被樊连长他们五花大绑，押送到公社，最后被判刑三年。

我当时想，王蛤蟆上课时老是溜出去打鱼摸虾且屡教不改，不写封特别深刻的检讨书，肯定过不了关，忽然灵机一动，何不将他犯的错跟那个抢了军人女朋友的事相提并论呢？

第二天，王蛤蟆站在讲台上，照本宣科地念着我帮他写的检讨书：“我不该旷课去摸鱼，我是死不悔改的走资派，我罪该万死，我是破坏军婚犯，我……”一阵哄堂大笑之后，班主任只好让呆若木鸡的王蛤蟆赶紧滚下去了。

没想到我也有为自己写检讨书的时候。小学快毕业时，村里组织人修公路，所谓修路，无非是去腊里山上用火药炸出许多碎石，然后村民们肩挑背扛，将碎石铺在之前的泥路上，村公路就修成了。

乡村的夜晚，没啥娱乐，我和小伙伴们没事就拿起村公路上的石头乱砸，然后看到石头撞击时冒出的那种星星般的火花乐不可支。

有天晚上砸石头时，与第五生产队的一群小孩子们发生冲突，随后便演变成用石头交战，再后来，公路那边传来一声惨叫，雷兔儿的头被打破了，血流如注，吓得大伙四散跑回家去了。

雷兔儿的妈妈拖着血淋淋的雷兔儿来我们家论理，我母亲为平息兔儿妈的怒火，用屋角落里放着随时准备用来教训我和弟弟的那根桃木棍子，将我劈头盖脸地一顿暴打，然后又领着兔儿去村卫生院包扎，还是没把事情摆平。

第二天上学时，班主任把我叫去，说雷兔儿的爸爸来学校帮雷兔儿请假，顺便还告你状了，看来不处理你是不行的了，看在你成绩好的份上，就不罚你去太阳底下暴晒了，你写份检讨书贴出来算了。

哪知道出现笔误，将“班主任陈老师”误写成“班主人陈老师”，班主任一看到我贴在黑板上的检讨书，勃然大怒，朝全班同学怒吼道，什么？我是班主人，你们都是奴隶吗？别以为我看不出来，程山羊，你给我赶快滚出去罚站，三节课不能回来。可怜的程山羊穿着背心赤脚踩在教室外面滚烫的水泥乒乓球台上，就这样暴晒了三节课。

每个人的少年时光，都会有一箩筐的糗事，当年的青涩懵懂，难堪尴尬，都是成年时回忆中的笑点与泪点。

正如一位文学大师所言，人生就像一幅草稿，我们修改来，修改去，当一切都弄得干干净净完美无瑕时，我们的人生也就快要结束了。

一个人的少年，也许莽撞却难得纯粹，有如一篇文章的初心，有如一个人的初恋，都是一种天性的流淌，有着天使般的皎洁。小明不懂“天真”，也许因为他自己就是天真的最好诠释，而“少年不识愁滋味”，不懂“难过”也很正常。

我感兴趣的是，小明家乡的天真的很蓝吗？他们上学路上，那条难过的小河上，什么时候可以搭座小桥呢？

雪

写得太好了，儿时的少年纯洁可爱，天真顽皮，现在都成才了，一转身几十年就过去了，童年美好，永远难忘！

BINGO

关于你大伯打麻将，八饼的故事有吗？

程大爷回复BINGO

我还没写到我大伯那儿去呢！后边慢慢写！呵呵。

梁环

胡猪儿、王蛤蟆、雷兔儿、程三洋，他们都造自己是主角么？

本来想去拍风景，看见孩子在戏水，被他们的天真无邪所感染，随即拍下几张。

湖之南

——赠L君

我用了0.1秒的想象
将我们置身其中的城市
还原成了洞庭湖
眼前的事物被翻译成了
浪花水草芦苇和风的絮语
你和傍晚一起抵达
我的窗口
一只蝴蝶扇了扇翅膀
便潜入了我的体内
生活的意义
刹那间将我淹没

你用画笔抹去了落日
光在最后一尾鱼身上消失
湖水已经冷却成一块石头
炊烟像一条条藤萝
爬满了乡愁

我可以与你共享的
其实只有一条湖边的小路
它曲折通向村庄和暗夜
你指着相反的方向说
错了，它肯定通向

每一个黎明
当麻雀在电线上跳舞
我不止一次
改变着对事物的看法

终点的风暴尚未到来
你描绘的生活
总让我不断地踮起脚尖
望向洞庭湖的南面
湖水搅动着一切

川北的湖泊总是有着琥珀般的色彩。

并卷走一切
它吞噬时间的旷野
同时吞噬记忆和生活
愈合的伤口
一次一次被撕开
仍然可以温柔地倾诉
没有哭泣与泪水
这么多年
有太多的人擦肩而过
只有你如此慷慨
在黑暗中递给我一星渔火

我开始在日常生活中
细致地布置内心的风景
面对湍急的流水
我撒网捕捞
注定会一无所获
男人的心里永远游动着
一条似是而非的鱼
而爱情从来都是一种弥漫
往事越是呼吸着
心灵便越是接近一簇微小的火苗
我喜欢，在回忆里守候

A U T U M N 秋天

忽然秋天

花瓣跌落在时间的深处
它没有喊疼
如果思念能再尖锐一点
就可以深入
果实的睡眠

风带着仅剩的热情四处流浪
小草努力拉长身子
试图保持某种平衡
但它的头总是晃个不停
分不清是不是默许
昆虫可以在它的面前跳舞

冯永华
诗人活跃于时空的旅行。

Pengqi
一如既往的程氏风格，没有了校园时代要拿第一的雕刻，而更多的是岁月沉淀后的有感而发而达至开合自如的境界。为什么？因为“信手拈来”的缘故吧！

狮子山的季节
太美了，美得让我觉得好陌生，即便我刚刚从那个秋天回来。

雪
好一幅秋天的美景，耐人寻味！

飞鸟的翅膀加重了
落日的色调
我看见它在天上
先是画出一条弧线
随后又飞回去把弧线拉直

天空愈是高远
群山愈是寂寞
树叶的表情是迟缓的
只有溪流追上了季节
它挣脱夏天的怀抱
一溜小跑
从半山腰就这样跑进了秋天

落叶纷飞中那场致命的邂逅

那一天中午，我开车经过欧洲小镇，忽然被眼前一片金黄透亮的景致迷住了，那是一种炫目而璀璨的美，我放慢车速，看清是午后的阳光将马路两旁的梧桐树叶照耀得妖娆如花朵。

那一刻，我有一股将车停下来去拍照的强烈冲动，然而，由于急着赶路，就带着遗憾离开了。

离开时，我从后视镜中看见被车轮扬起的梧桐落叶，在阳光里纷飞飘舞，如秋天恣意散落的诗篇。这个美妙的场景，在程大爷的脑海里总是挥之不去。

今天我突发奇想：如果自己去导演一部微电影，这样明媚阳光里纷飞的落叶，适合一个怎样的剧情呢？

对梧桐树有感觉，还是源于当年在武汉读大学时，校园内外那满城高大帅气的梧桐树，镌刻着学生时代青涩而浪漫的记忆。

好吧，剧情可以这样开始：深秋。傍晚。中南财经大学校园。通往第一学生食堂的道路两旁，快要落光叶子的梧桐树显得更加挺拔，人到中年的刘教授挽着他那风韵犹存的妻子李教授，踏上第一食堂门口那铺满落叶的台阶。

刘教授开始倾诉：临毕业那年夏天，有一次看见你打完饭往女生宿舍走去时，我就是站在这个台阶上望着你的背影，一直消失在路尽头倒数第二棵梧桐树的后面。

之后的每个傍晚，我都会站在这里等着，看着你打好饭，目送你离开，然后，你的背影再次消失在那棵梧桐树的后面……

有几次我站在这儿发呆，竟然忘记了去打饭。只是你毫无觉察，而当时的我又太害羞，直到毕业离校，都没有勇气去打听你的名字……

李教授听得一脸陶醉，虽然这已经是她第二十六次在第一食堂的台阶上听她的丈夫讲这段毕业季的青春往事，但是，她仍然会感觉温馨浪漫，仍然期待明年此时，他还会第二十七次讲起。

镜头回转到1988年秋天。荆州财校校园。两旁依偎着的梧桐树，挑逗起毕业离校的惆怅，相似的景致，不同的心境，秋风起兮云飞扬，而中南财大商经系毕业生刘帅哥带着壮士一去不复返的复杂心情，准备开始自己的教师生涯。

报到后，学校告之已经安排好了教师宿舍，每两个教师共住一套两室一厅的房子，刘帅哥拿到房间钥匙后，背着行李无精打采地朝教师宿舍楼走去。

找到一单元202室。刘帅哥打开门，脸唰的一下就红了，天哪，先住进来的另一位教师竟然是个大美女，巧的是，她就是那个自己在财大第一食堂前的台阶上守望过整个夏天却连名字都不知道的女同学！

看见刘帅哥面红耳赤地呆在那里，美女倒是大方地自我介绍，她姓李，是中南财大财政系的，毕业分配到荆州财校当老师，本来她是想跟另一个女教师共住一套房子的，学校就是不同意，说是男女老师合住，主要是为了安全考虑。

接下来的故事，与爱情小说中描写的情节大同小异：美女做得一手好菜，帅哥热衷于洗碗，美女帮帅哥洗衣服，帅哥请美女看电影。

转眼之间，就到落叶纷飞的深秋，刘帅哥感觉时机成熟，便邀请李美女回母校一游。

那天，他们先去了36号楼参观了刘帅哥曾经生活过四年的学生宿舍，然后又去了北门的女生宿舍，当他们来到第一学生食堂，打算在食堂吃顿学生餐，重温一下过去的学生时代时，刘帅哥终于鼓足勇气，向李美女坦白了毕业前他对她的暗恋，说着说着，他忽然在食堂门口的台阶上单膝跪下，结结巴巴地求婚，你愿意嫁给我吗？

陈峥

这部微电影的剧情也可以成为一篇微小说，名字就叫：那天～那天～，可否？

Lulu

明媚阳光里纷飞的梧桐叶自然是和青春年少或某个倩影相配啦，想想都悲哀，若徐娘半老怕都不敢再往梧桐树下靠了，怕配不上那明媚阳光中黄叶纷飞的良辰美景。

金阳光

秋天童话般的小镇，浪漫的故事！

Pengqi

青年的刘帅哥和李美女，我看还是编剧兼导演自己上算了！一来节省开支，二来有生活体验，湖北话也杠杠的，三来大爷

再后来，“王子和公主幸福地在一起了！”

在他们的婚礼上，作为证婚人的荆州财校王校长喜不自禁，多喝了几杯后，酒后吐了真言。

说是前几年每年都招一批大学毕业生来财校当老师，但是，由于学校待遇太差，毕业生常常干一两年就辞职不干了，这让他头痛不已。

有天忽然灵感来袭，何不招金童玉女若干对，安排他们男女搭配住在一套房子里，创造条件让他们心生情愫，这样就既留得住人，更留得住心，还可以解决单身青年教师的终身大事，实乃一箭双雕啊！

李美女口里说原来是踏入了校长布下的陷阱，心里却甜滋滋的。刘帅哥就更不用说有多开心，暗自庆幸天赐良缘啊！剧情到此，也该结束了。

中年刘教授和李教授就由程大爷的大学同学来扮演好了，至于青年刘帅哥和李美女，程大爷属意韩国明星金秀贤和全智贤。

电影的结尾，我得打上一行字：本故事纯属虚构，如有巧合，唯有祝福。

有了快感你就“晒”

难得有一个这样悠长的假期，让自己身心放松，做一回闲云野鹤。偶有朋友问及最近为何没有声息，我总是颇为得意地回复：在休年假！

若是些平日厮混一起的狐朋狗友来电，我还会自鸣得意地加上一句：休假的感觉真好！直到朋友流露出一丝丝羡慕嫉妒恨的感觉为止，否则，我还会不厌其烦地给他描述一番程大爷在佛罗伦萨吃到的比萨如何让人口水直流食指大动，在威尼斯如何寻得一个17世纪的古老咖啡馆边喝咖啡边欣赏乐队在自己面前演奏的那份惬意……直到他说“太让人羡慕了，我明年也要休年假，也要去欧洲看看……”为止。

平日里最讨厌别人晒幸福，但是，“子非鱼，焉知鱼之乐？”当你享受着快乐的假期，当你守望一段美丽的风景，从日出抵达日落，你就能理解将快乐晒出来，其实就是一种有意思的分享，是一种快乐情绪的传递！

平日里也不屑于别人晒理想，但是，“燕雀焉知鸿鹄之志哉？”你有时间计划你的下一个假期，下一次旅行，下一段期待中的风景，你向全世界宣布你会有一个海阔天空光辉灿烂的度假计划，这也是一种积极情绪的传递啊！

想到这些，我决定调整一下自己之前的某些成见，对好“晒”之人，不再嗤之以鼻。

我想，不喜欢“晒”的人，也许是个高尚稳重的忙人，没时间去晒这晒那，可是，喜欢晒的人，却可能是个豁达快乐的闲人哦。

在高尚和快乐之间，你如何选择？抑或，你就该听从自己内心的倾诉，无须刻意选择。

这让我禁不住反思，长年累月地忙忙碌碌，到底是因为我们需要更多的物质基础去维系所谓的体面生活，还是仅仅懒得去改变一种我们欲罢不能的生活节奏，继而固执地维持着某种不自觉的思维惯性？

当你安静下来，花一点点时间去想想这是不是自己想要的生活，你可能发现，过于强烈的“路径依赖”已经谋杀了灵魂深处的激情与梦想，久而久之，我们的成功，不过是把自己打造成了一部没有温度的劳动机器，并且，逐渐丧失了快乐的能力。

想想自己真是愚不可及，这么多年来，还真没正儿八经地休过年假呢。

生活就像一张破渔网，我们偏偏爱做一尾鱼，换个思维，你原本有一对自由飞翔的翅膀啊！旅行可能是休年假的最好方式吧，背上简单的行囊，带上快乐轻松的心情，把喧嚣的尘世抛在身后。能走多远就走多远，不只是为了看风景，还可以去天地的尽头会一会那个没戴面具的自己，你只有走得足够的远，你离自己才可以足够的近。

若尘

手里有枪总能找到注脚。👍👍

妙妙

这些照片都很纯净，像是国外，在中国难觅这样的世外桃源。

赛赛

强烈的赞，威尼斯和佛罗伦萨都是我的最爱……背着行囊，行在快乐中，那感觉，那幸福，那愉悦无法言语。

日月星辰

你休假，充分体现了党和国家领导人对你的关心与爱护，好好享受吧，不要辜负党和国家对你的厚爱🌹🌹👍👍

在路上，我与自己久别重逢

国庆长假快到了，朋友们都在互相打听着假期去哪儿，我的回答是：随便去哪儿，只要在路上！

说真的，我一向对旅行的目的地基本上没有要求，上到旅行社的网站，我不停翻阅各种旅游线路的信息，从国内到国外，从欧洲到非洲，从海岛到沙漠，看着都挺好的，都想去看一看逛一逛，看哪儿都有一种眼花缭乱的，嗯，怎么说呢，应该是喜悦吧，立马就有一股身未动心已远的冲动。

去红原的路上，偶遇风景，停车拍摄，不小心我又成了别人眼中的“风景”。　　胡征　摄

可是，度假计划常有而假期不常有，来趟说走就走的旅行？知易行难啊，面对着秀色可餐的各国美景，我就像个饥饿的人走进了自助餐厅，不知第一盘从哪儿下手，再果敢的人，在不得不做选择题时，还是半天下不了决心的！

大凡管点事儿的人，都会有一个错觉：要是自己不在公司了，这公司还能正常运转吗？

其实，从史前开始，不知道有多少牛人离开这个世界了，也没见过地球因此而停止过哪怕一秒。事实证明，你没有那么重要，这个地球少了谁保准它还是会按部就班地自转公转，所以，真正的牛人，都不会过分自恋，都懂得自己的局限性，然后从容淡定，该放下时放下，该离开时离开，举重若轻，收放自如。

有一个墨西哥寓言挺有意思：一群人急匆匆地赶路，突然，一个人停了下来。旁边的人很奇怪：为什么不走了？ 停下的人一笑：我走得太快，灵魂落在了后面，我要等等它。

是啊，自查一下，我们可能都走得太快太快了，都有必要慢下来等一等，等一等那个被忙碌生活不断超车的灵魂，如果不带上它，我们这一路的颠沛流离又有什么意义呢？

所以，我觉得，旅行的意义正在于它可以让你放慢脚步，不被日常生活驱赶着手忙脚乱地往前冲。

旅行是对现实的暂时逃避，可以在时空上产生某种出世的错觉。特别是单独旅行时，那种形影相吊的孤独，恰恰是人生最妙的境界。

因为可以无拘无束地坐在五花石上写诗，可以随心所欲地枕着月光做梦，可以装聋作哑地望着白云发呆，才有了丽江那恍如隔世的柔软时光。

思

在路上，听一听花开的声音，看一看叶子舒卷的曼妙。

卿云居士

心灵、心情、心愿……带着哪一个去旅行，这是一个问题，也是一种抉择！

黄江

不论在单位、家里、景点，其实都是在路上……风景无处不在。

Pengqi

因为要生存，所以说放下其实不易，因而来到这个世界就是受苦受难来的。那个灵魂，或许就是作为人的一点真、善、美了。再苦再累也留着它们。

因为可以在人烟稀少的长路上徒步，可以在天地高远的原野放歌，可以在经幡飘舞的寺庙祈祷，才有了西藏那神秘的灵魂出窍般的顿悟。

在路上，你行走，你沉思，你傻笑，你发呆，你不言不语或者喃喃自语，当然，你还可以潜回内心，与自己的灵魂来一次真诚的拥抱。

终于，在庸常人生的“别处”，在疲惫心灵的“彼岸”，你与那个曾经纯真无邪的自己，久别重逢！

一个村庄的娱乐圈

如果不是我爷爷强烈反对的话，我十二岁那年很可能就混进腊里山村的娱乐圈了呢。

我得承认自己天生就不是个合格的农民，十二岁时，有的孩子长得膘肥体壮，可是，我却长得比一根豆芽还瘦弱一点点，打架斗殴时，如果不借助一些工具比如石块和木棍，我几乎就不敢动手。

在有一次酷暑中干农活的惨痛经历之后，我甚至发现了自己骨子里还有好逸恶劳的劣根性，更加打定主意要从农民的队伍中逃脱出去。

那一年盛夏，我大姐十六岁，刚刚高中毕业，家里还没有决定是否送她去柳山砖瓦厂做工。大姐痛感家里负担实在太重，决定带我去“西干渠”那一片生产队的水稻田里插秧，打算帮家里多挣几个“工分”，减轻一下父母的压力。

我虽说不情愿，但也没有什么借口不去。于是，吃过早饭就跟大姐一起，顶着烈日步行几公里路，去“西干渠”插秧。

那个时点的气温，怕是超过了40度吧，风是热的，水稻田里的水更是热得烫脚，我插了一分多田的秧后，又热又累，快要中暑的感觉，伸直腰来，发现小腿上爬着一条吸血的蚂

荷叶

金融圈里的高级歌师。

丁丁

是啊，每条路都有不同的光景。

雨大爷

堂哥程学清遗憾没有成为一名歌手。

蟥，痛痒难忍。我摘掉了那条拇指粗的蚂蟥后，伤口出血不止。于是，我爬上田埂，不愿再干了。

其实，在乡下，水田里到处都是蚂蟥，被它叮咬简直家常便饭，没有人会把这个当回事。看到我找借口爬上田埂休息，如此不努力插秧，大姐很生气，威胁说要回家告诉母亲，她知道母亲对我们管教严厉，一定会狠揍我一顿的。

我不顾大姐的劝阻，还是决定跑回村里，由于怕大姐在母亲面前告状，我只好在村子里东游西逛，晚饭都不敢回去吃。

天黑后，村民们就会把竹床搬到屋门前的空地上来，大人小孩，或坐或躺，谈天说地，村庄便会从白天燥热难耐而又奔波劳碌的紧张状态中稍微放松了下来。

听到有人拉二胡。我循声望去，原来是我的堂哥程学清，只见他光着膀子坐在竹床上，在众人的围观中，微闭着眼睛，一副旁若无人表情，完全沉浸在《二泉映月》那苍凉的意境里。

那个时候的学清哥，二十出头，长得一表人才，不仅会拉二胡，而且歌也唱得好，一副文艺青年的范儿，村里但凡喜欢“吹吹唱唱”的年轻人，莫不以跟学清哥交往为荣。

之前看过一部关于瞎子阿炳的电影，里边也有这首曲子，我一听这凄凉的二胡曲，竟然感觉不到天气的闷热了，身上似有一种凉丝丝的感觉在爬。

学清哥拉完《二泉映月》之后，又炫耀了好一下颤音，这才睁开眼睛看了我一眼，忧心忡忡地对我说，你怎么不回去写作业，在这儿瞎逛，你妈妈要是看到了，会打死你的。

我这才意识到，得赶紧回家，不然，越晚回去，可能会挨打越狠呢。

可是，就在这时候，我看见了教我们语文的刘老师也坐在他们家的竹床上吹笛子呢，我站在那儿听了一会儿，雷兔儿走过来望了我好几眼，不多久，胡牛儿也走来看刘老师吹笛子。

当时的腊里山小学，一个老师要教好几门课呢。教数学的吴老师，还要教体育，刘老师教我们语文偶尔教唱歌。见到我们一脸好奇地听他吹笛子，刘老师停了下来说，要是想学的话，他也可以教我们的，他歇了会儿又说，

“男儿有艺好藏身，女儿有艺不求人”，你们男孩子最好学门才艺，长大以后好找老婆，就不会打光棍了。

我忽然问刘老师，会拉二胡会吹笛子，是不是就可以不下田插秧了呢？刘老师说，那当然啦，我们蒲圻县就有个楚剧团，歌唱得好的，二胡拉得好的，笛子吹得好的，会打脚盆鼓的，都不用生产队分谷子，凭粮票就可以去粮站买“商品粮”吃呢。

我知道自己开始向往不用下田插秧、也不用挑重担子走几里路的娱乐圈生活了。能吃上“商品粮”，那就是少年时代的终极梦想啊。刘老师看了看我说，你母亲可是远近闻名会唱彩船的人啊，你学唱歌吧！靠这个手艺，我保证你有商品粮吃呢！

这个时候，第一生产队的王德胜走过来看热闹。刘老师又看着王德胜说，看你没事时就拿着个洗脚用的木盆子在那儿敲，不如学打鼓吧，这手艺简单，比较合适你。

说到这里，刘老师若有所思地叹了口气，移民到柳山湖之前，在“后方”的那个时候，每家每户都有一匹用水牛皮做的脚盆鼓，过年玩龙灯、唱彩船、舞狮子，男孩子都会把脚盆鼓举过头顶，敲打得地动山摇。可惜呀，“破四旧”时，都拿出来烧了。

胡牛儿忽然说，我们家以前有两匹脚盆鼓的，“破四旧”时只拿出一匹来烧了，还有一匹藏在床底下，有一次我偷偷拿出来敲着玩，被我父亲打了一顿，他说又没有死人，你乱敲什么呀。

刘老师笑着说，你爸说得对啊，在“后方”时，有老人去世了，出葬前一天晚上，孝家会请来歌师敲脚盆鼓唱歌，至亲好友会一起守夜到天光。刘老师看着胡牛儿说，你爸爸没告诉你吧，你爷爷以前也做歌师的，在大梅畈一带好有名的。唱一个晚上，孝家会给四升米，一般亡人的女婿会给好烟一条，好酒几瓶，也是门吃饭的手艺哦。

胡牛儿慌忙摆手，说不得说不得，我们家后来被打成“富农”，家里成分不好，两个哥哥读完小学就不让读了，我爷爷不知偷偷哭了多少回，说是连累儿孙呢。

我听刘老师说了半天，将信将疑的，看到时间不早了，就赶紧往家那边走去。

不知大姐是怎样在母亲面前告我状的，我还是怕得要命，决定先到隔壁我爷爷家去探听一下虚实。

我就把白天被蚂蟥咬出血来后不愿继续插秧的事情跟爷爷说了，我已经做好了大姐告我状然后被母亲暴打一顿的思想准备。

爷爷说你们家姐弟加起来有五个，既要读书，又要吃饭，生产队里就算你们家口粮超支最多，也难怪你母亲最近火气有点大，还是等你母亲气消一消再回去吧。

我又跟爷爷说起今天刘老师对我说的话。未来还是想另外找个出路，我吃不起苦，以后不想留在腊里山栽田插秧，要是有好的路子，可以吃上“商品粮”该有多好啊。

我打定主意，要么跟学清哥学拉二胡，要么跟刘老师学吹笛子。爷爷听了我的想法，头摇得跟风中的芦苇似的。他说，腊里山村喜欢吹吹唱唱的人多得很，也没有看到有几个唱出名堂来的呢，现在是新时代了，在“后方”时打脚盆鼓唱坐夜歌的，现在都没讨到好啊！

他还举例说，学清哥会拉二胡会唱歌，可是，他老婆生下亚军后不也跟他离婚了吗？至于刘老师，虽然会吹笛子，可他一直都还是个民办教师，他老婆也还在村里种地呢，这个就是大人们常说的“半边户”啊。

我的心一下子凉了半截，那怎么办呢？爷爷告诫我说，我们家世世代代都没有一个做官发财的，种田虽说又苦又累，但是，好歹饭还是有吃的，在兵荒马乱的世道，你老老实实地做个种田的好手，饿不了肚子的，俗话说得好啊，“栽田是本，买卖是花，狂风吹不倒犁尾巴！”

爷爷接着说，还有个不错的出路，就是帮生产队放牛，可以挣得多一点，但是要起早贪黑，好处就是可以不下田插秧。

再后来，爷爷又给我分析，要学门手艺，也不是难事，砖瓦匠，木匠，拖拉机手，弹棉花，种大白菜，这些都比较踏实，靠吹吹唱唱，也没见到有几个人吃上商品粮了呢。

听到爷爷这么说，我对娱乐圈一度高涨的热情，也随即降温了。

快到睡觉的时间了，我便蹑手蹑脚地回到家里。我的如意算盘是赶紧偷偷摸摸地爬上床去，装着一下子就睡着了，这样或许就可以躲过这一顿打。奇怪的是，我在堂屋里正好碰到母亲，她没有一丝生气的样子，只是问我怎么不回来吃饭，我回答说爷爷家的饭比较早，我实在太饿，就在爷爷家吃了。

说完我赶紧去睡觉了。

第二天早上起来时，二姐才跟我说，大姐昨天一个人把一丘田的秧都插完了，她也是天黑了很久才回到家，而且，她并没有在母亲那里告我的状。我忽然感到了一点内疚。

大约一年后，国家恢复了高考制度，我有个堂哥元明凭真本事考上了蒲圻卫校，毕业就可以当护士，吃商品粮，亲戚朋友都羡慕不已。

看到元明哥找到好出路，母亲就更加关心我和弟弟的学习成绩了。我的数学不大好，五年级时背乘法口诀，就是学不会，母亲只好求我的另一个当民办老师的堂哥国林，有空就辅导我做数学题，最后，我的数学成绩突飞猛进，通过考学跳出“农门”的希望，逐渐超越了通过学唱歌去城里吃“商品粮”这个想法。

后来我如愿考上重点高中，然后如愿以偿地考上大学，成功跳出了“农门”，吃上了凭粮票限量供应的“商品粮”，不用风吹日晒下田插秧，不用担心小腿被蚂蟥叮咬得血流不止。

几十年就这样过去了，每每回想起少年时代希望靠唱歌唱戏过上体面生活的想法，总是当作一个年少幼稚的证据，暗暗地自我嘲笑一番。

然而，靠唱歌赚钱的念头，在我大学毕业来到广州工作两年后，还是闪现过一次，然而，也是最后一次了。

原本冲着广东的高工资而来，没想到广东还有高物价，每月工资除了寄50块给在北京读大学的弟弟，就没有剩下什么。母亲以为我过年回家可以拿点钱给她，当她看到我没买西装还是穿了件牛仔外套回来时，就知道了我没有钱给她。

过完年后回到广州，满脑子都是赚钱的念头。有一天坐车经过沙河大街，看到广州星海音乐学院门口有一个“流行歌曲培训班”的招生广告牌，忽然想到歌舞厅里的驻唱歌手，一个晚上唱三首歌曲就可以赚好几百块，我觉得自己唱歌还可以，就打定主意要去报名。

晚上回到集体宿舍，我把我想要去参加流行歌曲培训班的想法，跟我的几个好朋友说了，没想到他们说，拉倒吧，那些班都是骗你交学费的，哪里会教你唱歌。还有啊，广州吃唱歌这碗饭的人实在太多，不好赚的。再说了，你那嗓子，平时在冲凉房唱唱还可以，真去赚钱，不好使啊！

我一下被他们打击到快绝望了。从那以后，便彻底死了这条心。

直到去年底，有一天在中央电视台《远方的家》栏目中，我无意中看到一段有关赤壁脚盆鼓和歌师的专题片，一时之间，竟然生出无限感慨。

电视上那个一边敲着脚盆鼓一边用赤壁土话即兴说唱的中年歌师，让我产生了时光倒流的幻觉，仿佛又回到了少年时期的腊里山。落日褪尽余晖，暮色四合，家家房门前空旷的场上，竹床和竹椅刚刚摆好，学清哥光着膀子用二胡演奏着《二泉映月》，王德胜敲打着他们家的木脚盆，刘老师吹着笛子，边上围了一圈出来乘凉的孩子。

幺弟告诉我，腊里山那个我当年的玩伴胡牛儿后来也去做了歌师。他们家是富农，成分不好，读完小学后就被赶回家种田了。

改革开放后，他得了他爷爷传的艺，洗脚上田做了一名歌师，日子过得很红火。现在，赤壁的脚盆鼓和歌师已被列入湖北省的“非物质文化遗产名录”，被政府积极保护起来了，歌师也成为一个受人尊敬的职业。

高水平的赤壁歌师可唱传统唱本如四大名著、杨家将、岳飞传、封神榜等。现代的歌师，也会唱抗日故事，例如抗日战争时期赤壁籍抗日战士守卫四行仓库的事迹，就被家乡的歌师作为经典题材反复说唱。

歌师们的出口句都是根据当时的情况即兴创作，内容多劝人行善，行孝，不做违法乱纪之事。这一点是歌师水平的真实体现。

辞丧则是坐夜歌的重头戏，一般是歌师团队中的大师傅完成，即代表亡人辞别家园！在出葬前一个晚上，几位歌师轮流出场说唱，通宵达旦，与亡人的至亲好友一道，陪伴亡人到天光。那个场面我经历过几次，歌师的水平和功力深厚，孝家常常感动不已。

上次回赤壁老家时，我特地跟幺弟谈及当年腊里山的那些人和事。这才知道，年过花甲的学清哥前年冬天离家出走了，至今下落不明。他离开腊里山的时候，据说没带任何行李，只带了一把破旧的二胡。

刘老师笛子独奏水平高，后来进了蒲圻文化馆吃“商品粮”，十年前就退休了，现在帮女儿带孩子。

雷兔儿学了一段时间笛子，吹得也不错，在县里表演过，蒲圻机械厂看他是个人才，招聘到工会，后来工厂倒闭，他带着老婆孩子去武汉的汉正街卖翻录的音乐盒带，也发了点财。

王德胜读了五个一年级，实在读不进去，他父亲也让他跟着胡牛儿的爷爷学打脚盆鼓唱坐夜歌，他学了半年，怕丑，开不了口。后来父母都相继去世，他也没有讨到亲，至今孤身一人，腊里山的牛越来越少了，今年清明节时，在凤凰山脚下还见到他偶尔帮别人修祖坟赚点零钱。

我和幺弟决定去胡牛儿家看看。

几十年没见了，还是依稀可辨当年老是被我欺负的那个富农子弟的样子。

听说我想看他打鼓，胡牛儿二话没说，从屋里拿出一只被桐油油得锃亮的脚盆鼓敲打起来，并条件反射般唱起了坐夜歌的歌头：

伏兮

天地开张日吉时辰，

打起灵前丧鼓燃起炉中宝香，

满堂歌师都请坐，听在下开个小小歌堂，

喝了孝家一杯酒，有请诸位歌师陪伴亡人到天光。

唱罢这段之后，只见胡牛儿击鼓三通，接着又唱：

鸡叫三遍大天亮，

吩咐孝家把香装。

孝子孝孙来辞丧，

送别亡人上天堂。

胡牛儿又击鼓三通，又唱了几段。

后来唱的啥也记不住了，当时我就在那儿胡思乱想，假如当年我没有考上大学，我会不会也去做了一位靠唱坐夜歌吃饭的歌师呢？

年少时，摆在我们面前的路有那么多条，每个人都自以为是地挑选了最好的那条路，独自走去，头也不回。

当你意识到自己已经走得足够的远了，某一天，蓦然回首，才发现其实每条路都有不同的风景，没有哪条路最好，也不会有哪条路最坏，命运不停地在拨弄它手中的罗盘，“一切都是最好的安排”，不是吗？

光阴不用逆转，人生无须如果。一切都会成为过去，然而，那过去的，常常会成为永远的记忆。

蒲公英

不是所有的飞翔都需要翅膀
不是所有的舞蹈都需要音乐
不是所有的风吹都有一个方向
不是所有的雨后都有一道彩虹

不是所有的花开都为一个结果
不是所有的流浪都是因为寂寞
不是所有的远方都有一个等待
不是所有的想念都可以用手触摸

Michelle
这花还真只适应肥沃的土地，采了一把插在花瓶里，没一会儿就飞走了！拦都拦不住！

程大爷回复Michelle
你不要拦，要用心挽留！哈哈

Gegecb
不是所有的停留只为一次相遇而栖息/不是所有的张望都是为了找寻到你的目光/于是，所有的不舍换来新生……哈哈，DIY出品。

为了告别的聚会

看央视中秋晚会，竟然又看到有人在翻唱梅艳芳的那首经典老歌——《亲密爱人》。

之所以说“又”，那是因为像程大爷这样一年都不会看几次电视的男人，最近一个星期内已经是第二次在央视看到不同的歌手演唱这首歌，而最近一周，程大爷总共就看过两次电视。

说来也奇怪，不管听了多少遍，我每次听到依然感动，不管是哪个歌手翻唱这首歌，我听着从来都不会反感。

十年前，我跟二弟在北京三里屯的酒吧街闲逛，见到一个小男孩抱着木吉他嬉皮笑脸地演唱这首歌，听着听着就迈不开步了，于是硬拉着对酒吧没多少兴趣的二弟陪我听了一晚的歌，而那个名为“男孩女孩”的酒吧，也成了我每次到北京必去的地方。

后来，我又听到迪克牛仔用咆哮的方式演绎过这首歌，而萧敬腾在香港红馆演唱这首歌时，全场热血沸腾让人感动，听尚雯婕将它唱得性感魅惑，听周笔畅把它唱得柔软细腻……

我今天忍不住搜索了一下，结果发现这么多年来，有超过100个不同歌手翻唱的版本！

这首歌最初是作为主题曲出现在电影《92应召女郎》中，而真正走入我心里的时间应该是2003年年底——梅艳芳一生中的最后一场演唱会。

我从没想到过我会喜欢梅艳芳的歌。

那个时候，我是比较喜欢张学友、张信哲、齐秦还有辛晓琪、刘若英这类比较文艺范儿的歌手的。

阿梅的叛逆多变，加之基本上都是粤语歌，我听得头都大晒。

直到那次在电视上看了梅艳芳告别演唱会，我对这个身世飘零而又桀傲不驯的女子，忽然心生怜惜，甚至油然而生了几分敬意。

在这场演唱会上，梅艳芳没有隐瞒自己已经癌症晚期且不久于人世的事实。

她是在身体极度虚弱的情况下，拼尽自己的全力以一场精彩绝伦的演唱会来跟她的歌迷，同时也是跟这个世界说永别的。

她面对死神的坦然，淡定，从容，自若，让人无法相信这是一个刚刚40岁的女子对待生与死的态度。

她依然盛妆，依然百变，依然笑靥如花，看不出是个生命行将结束的女子。

在唱《女人花》这首歌时，我看到阿梅眼睛中的泪光点点，唱到“女人花，摇曳在红尘中，女人花，随风轻轻摆动，只盼望，有一双温柔手……”时，台下歌迷有的已经痛哭失声，痛惜这花开不多时的女子，至死不渝期盼的那双温柔

看，那里有一个神话！（摄于古城Siena街头）

手终没有出现，女人如花花似梦的感伤，唱尽了阿梅一生。

最后演唱的就是这首《亲密爱人》了，她挥手向歌迷道别，“亲爱的人，亲密的爱人，谢谢你这么长的时间陪着我……”她用生命在唱歌，耗尽了最后一点力气。

不多久，梅艳芳去世了，她的笑容定格在2003年12月30日，一个适合画上句号的日子。

10年过去了，梅艳芳那一场告别演唱会的场景，仍然历历在目，有如昨天。

每当听到《亲密爱人》，我都能想起那挥动的手臂。一场为了告别的聚会，让我在惋惜之余，更多了一份对人生的领悟，女人如花花似梦，人生何尝又不是如花似梦呢？

相聚，告别，有再多的不舍，谁也无力挽回。

在永恒的时间里，我们相聚在这个世界的日子，实在是短暂，即使长命百岁，也只如白驹过隙，终究都要有随时告别的心理准备。

在这个脆弱的世界里，我们驻留，我们相逢，我们爱到不能爱，聚到终须散，繁华过后，终成一梦。

晴天海洋泡泡飞

繁华散尽，梦一场，这就是人生吧。相聚离别，百态人生里的点滴，喜欢的不喜欢的，通通都会奉上。

胡宝心

梅艳芳的确很特别，感性而勇敢！她的《女人花》也很感人，简直就像量身定做为她而写，让我印象特别深刻。他们那一代的歌手都很值得尊敬，都是靠自己的努力、实力而成功，而且天生属于舞台，热爱舞台，所以告别也选择了在舞台上。那场用生命歌唱的告别演唱会，我也在电视机前看了，听了，哭了。的确很感人！为她的坎坷痛苦而心酸，也为她的坚强奋斗而动容。今天拜读文字，再次回忆起当时的情景，依然历历在目，禁不住也打开qq音乐搜索来重新听一遍。果然百听不厌。

云天

是啊，人生仿佛一首歌，再动听也有谢幕时，好像一朵花，再明艳也免不了凋谢！惜缘！珍重！感恩！

阿刚

感伤之后，期待每次的相聚，珍惜每次的聚会。

唐朝

无须梦回
也不必穿越
唐朝一直就在那里
在一条河的对岸
那儿天气晴好
麦田里长满了典故
被柿子树装饰过的黄土高坡
沟壑纵横
盛产英雄和美人

雨季短得像首律诗
放浪形骸的诗人
处江湖之远
则思其君
热衷于抒情、饮酒、痛哭
然后放歌
皇上忙于国家大事
比如谱曲填词
比如跳舞
涉世未深的女子
穿霓裳羽衣
她的水袖
遮住了世界的目光

小庚
程总，你怎么每次运气这么好，每次都能看到表演，这次还回到唐朝。

晴天海洋泡泡飞
梦回大唐/只为那一抹淡淡的笑/浅浅的忧。

丁丁
历史始终是一个平行的世界。

珍青
不枉到西安一趟。我想如果到西藏去一趟，会是怎样的情怀呢？好期待。

Pengqi
南怀瑾说历史就像摆一个龙门阵，真真假假、虚虚实实……

西域来客带来
豪放不羁的骆驼
胡姬妩媚了长安
刀客黯淡了黑夜
饮下这杯葡萄美酒
战士踏着醉步
于是雪地上的战争
更像是一场演习
爱恨情仇
被一阵狂风打败
金戈铁马
总是跨不过
那一掬绵柔的黄沙

从此岸走到唐朝
只需要一座桥
而现实与理想
分置河流的两岸
纵使把栏杆拍遍
将琵琶断弦
历史始终是一个平行的世界
可以观望
却无从抵达

当我老了

当我老了
步履艰难
我要挑选一个冬日的傍晚
返回家乡
如同那片天边的晚霞
书写一生的眷恋
我要站在生命的高处
注视落日西沉
那个绚烂的句号
因为热爱
我要拼命忍住
天地间巨大的空旷
不让伤感蔓延成雾霭

当我老了
睡意蒙眬
我要依偎儿时的梦境
在一口火塘旁
认真地打盹
我要听着往事和木柴
啪啦作响
在火塘里燃烧
我要向火苗学习
如何把这一生的遗憾
写在纸上
然后烧掉
学会从灰烬中慢慢复原
许多漂亮的荣耀

当我老了
记忆衰退
我要打开一个樟木箱子
它守住了许多的秘密
在老屋的阁楼上
被厚重的灰尘包围
也从没说出
那些少年的心事
懵懂的爱情
注定迷茫的青春
感谢爱过恨过的人们
并且再一次地相信
所有的泪水
都越过了冬天
化成孕育幸福的春雨

当我老了
习惯早醒
我要坚持从衰弱中爬起
丢弃悲观的拐杖
跟生活讲和
我要怀揣童心
蹒跚学步
像一个孩子
走过黎明前的暗处
为人间指证
每一个日出

小雨滴
当你老了，你更青春。为每一个日出指证的，是生命的豪情！

A Echo
尽管我还太年轻，来不及有许多的遗憾和漂亮的荣耀，但身在远方的我看完依然热泪盈眶，多想回到故乡，回到妈妈的身边，期望奋斗不要太久，妈妈等得及我回家！

母亲的彩船谣

我第一次听到母亲唱歌，应该是三十年前的事情了，如果没有记错的话，那可能也是唯一的一次。

那还是80年代早期的时候。

改革开放的浪潮刚刚开始涌进柳山湖，沉寂多年的乡村，从“破四旧”的阴影中走了出来，传统文化不可阻挡地回归到村民们的节日庆典活动中。

在相对宽松的文化氛围下，“玩龙灯”和“唱彩船”这两样民俗娱乐活动重新出现在移民聚居的柳山湖镇各个村庄。

人们又惊又喜，阔别多年，这些一度被扫进历史垃圾堆的娱乐方式，最终被当作春节期间的集体活动，让习惯寂寞的乡村，开始习惯热闹。

当年的腊里山村有八个生产队，村里决定每个生产队扎一条龙灯，编一只彩船，先自己比试比试，然后派出最强阵容跟其他村庄进行交流。

这几乎是一次人人参与的全民大狂欢。老年人运筹帷幄，出谋划策；中青年人舞动龙灯，精神抖擞；孩子们欢呼雀跃，争相助威，人手一匹“脚盆鼓”，跟在龙灯队伍的后边呐喊助威。

少则几百人，多则上千人的龙灯队伍，阵容整齐，蔚为壮观。敲打“脚盆鼓”的声音撼天动地，往往龙灯未动，锣鼓先行，真个是手舞足蹈，人山人海。

与舞龙灯队伍结伴同行的常常是略显低调而华贵优雅的彩船队伍。彩船用竹片扎成龙骨，外面糊之以各色彩纸。

彩船里坐船的是新媳妇，身穿红色长裙，头戴凤冠。撑船的是艄公，只见他手持长竹篙，腰间系着红飘带，在彩船边划来划去。看热闹的小孩手提花灯笼，跟着彩船跑前跑后。

年轻貌美的新媳妇，看似站在彩船中间，其实是将纸船挂在腰带上。在锣鼓喧天的氛围里，众多乡亲簇拥着彩船，来到某个屋场，随即鞭炮齐鸣，在弥漫着淡淡硝烟的夜色中，俊俏的新媳妇装模作样地前进或者后退，那彩船儿就一阵摇晃，看起来似乎是在微风细浪的湖面上散漫地荡漾着。

“艄公”是唱彩船时除了新媳妇之外的另一个重要角色，常常由形象威武的小伙子扮演，他手拿长篙，边撑船边唱歌。

还有一个名为“艄婆”的配角，他应该算是戏曲中的丑角了。他的动作夸张，装腔作势，诙谐搞笑。只见他男扮女装，手拿破旧的蒲扇，天寒地冻，一边摇着蒲扇一边口中念念有词：“好热啊！好热啊！”逗乐一大群孩子。

那一年春节前夕，我从住宿的中学放寒假回家，一进家门就听到灶屋里有歌声传来。仔细一听，原来是母亲一边在烧火煮饭，一边自顾自地唱着彩船的歌谣：

彩莲船儿哟哟，
两头尖啰呀嗬耶，
来到贵府呀喂子哟，
拜新年呀划着。
哟哟，呀嗬哟，拜新年划着。

这个唱段就是唱彩船时的起调，所有唱彩船的人，都是用这个腔调的。那天，我听到母亲还唱了她自己编的一段拜年的歌词，她希望有所变化，跟别人的唱词区别开来：

彩莲船，彩莲灯，
来到贵府拜新年。
一拜二拜连三拜，
四拜五拜也应该。

其实彩船谣的曲调是非常简单的，然而，唱词却没有定式，大多数时候都需要表演者即兴创作，这才是最考水平的，个中高手，都练就一身张口就唱的所谓的“急才”。

我听母亲唱的内容，大意是有人家里起了新屋，恭喜他吉祥如意；有人家里的孩子考上大学了，恭喜他前途无量；有人家里刚刚娶了媳妇，恭喜他早生贵子之类，这些都是需要临场发挥。我听到母亲又唱了一小段她自己编的彩船谣：

贵府今年喜事多，
儿娶亲来女结果，
高中生考上大学。

那天母亲的心情特别好，她说生产队春节时要组织玩龙灯和唱彩船，大

赤壁陆水河的黄昏。

程大爷家的年夜饭。

家都知道她年轻时会唱，所以，要求她教一下生产队今年选定来坐彩船的新媳妇。

母亲兴致勃勃地讲给我听，移民到柳山湖之前，我们祖祖辈辈所居住的“后方”大梅畈一带，玩龙灯和唱彩船就是过年时最传统的喜庆节目。

从大年三十开始，到元宵节收尾，那半个月的时间，或许是族人们一年中最喜庆欢乐的日子。到处爆竹燃响，鼓声雷动，龙灯翻飞，一阵锣鼓喧哗，钹声合鸣之后，你侧耳细听，总会听见那坐在彩船中的女子婉转动听的唱腔，当然，还有那扮成“艄公”的精壮男子撑长篙在彩船两旁来回划着，船尾有一个摇着把破芭蕉扇，插科打诨、幽默说唱的“艄婆”，那场面其实就是一台戏啊。

母亲不到18岁就嫁到家住坛头山刘家坡的我父亲。作为刘家坡这个屋场的新媳妇，母亲顺理成章地被选为那一年春节坐彩船的女子。

母亲虽然目不识丁，然而，唱起彩船来，却是得心应手，妙语连珠，各种类型的人家，左右逢源，应对自如，不怯场，不退缩，获得乡亲们的一致好评。

由于母亲特别富有唱彩船的“急才”，在大梅畈各村落声名鹊起，以至于那些年许多被选来坐彩船的新媳妇，都要跑来刘家坡向母亲请教呢。

有些时候，新媳妇由于太过紧张，怯场唱不下去了，母亲也会被请去救场。还有几年春节时，母亲干脆客串了一把新媳妇，领着程氏族人的彩船队伍，去别的屋村唱彩船，拜年或者贺喜，风光一时。

没有彩船的日子，过去了好多年，现在忽然又可以唱彩船了，我推测这可能触发了母亲对自己遥远的青春年华的某种记忆吧。

母亲讲得兴起，又唱了几段她当年自己编的唱词：

苦荞洋芋早下种，

多多挖点南瓜墩。

桃树开花朵朵红，

李树开花白如银。

一条鲤鱼宽又长，

一壶米酒甜又香。

遗憾的是，从那次之后，我就再没有听到过母亲唱歌了。生活的磨难，让母亲的时间和精力被忙乱纷杂的日常事务占满了，比如说孩子的学费没有着落，幺弟的学习成绩不好，我能不能考上好大学，这些问题足以让母亲操碎了心，因此，也就没有唱彩船谣的心情。

随后的很多年，我甚至都没有听到母亲谈及村庄里有唱彩船的事情。

今年正月，我和二姐陪母亲去邻村的亲戚家拜年，在半路上恰好遇到一支唱彩船的队伍，我惊喜地说，把车停下来看一下吧。

我原本以为母亲也会下来看看，没想到母亲很不以为然地说，这几年的彩船，越来越不好看了，年轻人都不愿意参与，连坐船的新媳妇都找不到了，每年的船都是由村委会出资赞助，一帮老头老太太在那儿唱啊跳的，没有在“后方”时唱彩船好玩。

此外，还有个别人玩彩船不是为了娱乐，也不用心唱歌，心思都用到如何获得更多的钱物上，比如多要些烟啊酒啊，有时干脆只收现金红包，这样玩彩船，好像有点变味了。

母亲说，直到现在，每年过年前都有一些大妈大爷来动员她参加彩船队，保证她一个正月下来，可以赚个万儿八千的。尽管能赚钱是一件很有吸引力的事情，但还是被母亲坚决拒绝。

母亲反复强调，为挣钱唱彩船，去到别人家里，别人也会嫌弃你们的。

我忽然明白了，这就是母亲不愿再去提唱彩船的原因吧。

母亲是不愿意损害她心目中那淳朴善良而又妙趣横生的彩船谣，因为，她那只彩船，曾经盛载着她与我父亲青春记忆的纯真年代。

我也没有想到，那些承载着传统节日记忆的民俗文化活动，记忆中无比幸福的玩龙灯和唱彩船，最终也会因为个别人的动机不纯粹而失却了原有的味道，一丝淡淡的失落感油然而生。

那一天，望着母亲微微佝偻的背影，略显蹒跚的脚步，我不无伤感地意识到，那个曾经只图个开心热闹，把彩船谣唱得有滋有味的俊俏新媳妇，那个一生要强从不服老的坚强母亲，在与岁月的对抗中，最终还是无可避免地败下阵来了。

而我，宁愿永远留着记忆里那个如旧时光一样发黄的画面。半个多世纪过去了，没有被生活磨灭的“后方”印记，或许已被苦难中奋力跋涉的母亲刻意淡忘，却又被我小心翼翼拾了起来，那就是只属于回不去的故乡的彩船谣，母亲青春年华的彩船谣。

那一刻，我坐在被冬日温暖阳光拥抱的傍晚发呆，我的思绪却按捺不住，无数次穿越了回去——在坛头山刘家坡，作为程氏家族新媳妇的我的母亲，坐在一只披红挂绿的彩船中央，低眉顺眼，吐气如兰，一段彩船谣唱得主家笑逐颜开，围观者掌声雷动。

而我同样年轻英俊的父亲一身艄公打扮，拿着一支长竹篙，在彩船边跑来跑去，装模作样地撑着船。

随后，脚盆鼓敲得震耳欲聋，铜锣和着钹儿铿锵有力，孩子们东奔西突，彩旗飘舞，主家赶紧跑出家门派烟敬茶，糖果瓜子任吃任拿，一副热闹非凡的场景。

我分明看见，那一刻，母亲的脸上流淌着幸福满足的微笑。

梦

那些年正在被遗忘的传统春节风俗……程大爷让人找回儿时依稀的记忆。

小鱼

这叙事风格俺喜欢！程大爷有大家风范，娓娓道来让我仿若回到了儿时。

乱世蛙人

我记得母亲每年都会千针万线做一双布鞋给我，这是我唯一的过年礼物了。

宴

也同样怀念小时候看大人唱彩船，玩狮子，那时大人小孩真是发自内心的高兴，想唱就唱，见到什么唱什么，可惜再也见不到那种简单的快乐了。

老谋子

好母亲！你的诗才应该就是遗传你母亲的，没读书就能作词，全凭天赋的想象力，了得！要是再读点书那是不得了的。

唐向来

在地铁上细细地品味了这篇文章，不知为啥眼角会湿润，或许是触发了一些我儿时的回忆，或许是伟大的母亲情怀感动了我，有些时候真想我也能写出自己的内心。

是谁

是谁的眼睛
在你的背后睁开一扇小窗
是谁的脚步
敲碎了千年的宁静
是谁在深秋
将你神秘的心思探望
是谁的期待
守候着圣洁的雪山
是谁的相思
流淌成了小河
是谁用眼睛的快门
将你的笑靥
收藏心底

Hanping
天空怎么可以蓝成这样？！你到底施了什么魔法？

乱世蛙人
那湛蓝的湖水，是少女的明眸；潺潺的溪流，是少女的眼泪；那跌宕的山峦啊，是她涌动起伏的胸膛……

老谋子
我这些天在英国，惊艳于这个国家的美丽！想不到这个人类工业文明起源的国家竟更像个大花园，上帝太眷顾这个国度了，可惜我没玩摄影。

是谁的目光
牵引着你的目光
是谁的记忆
交织着你的记忆
是谁的欢乐
点燃了你的欢乐
是谁的悲伤
拨痛过你的心弦
是谁的信念
拉直了你命运的曲线
是谁的誓言
让漫长不再是寂寞的坚守

是谁的手指
紧扣着你的心扉
是谁的泪水
将湖泊染成宝蓝
是谁的天真
将层林绘成七彩
是谁的激情
将远古的冰川融化
是谁的执着
比雄鹰飞得更高
是谁和谁的心
让消失的地平线
重新走回到你的眼前

寻人启事

从此我便下落不明
没有人知道
我的去向
出走的那天黄昏
暮色淹没了城市
我想出去走走
顺便找找
丢失的自己
房门就这样隔断了
回家的念头

后来父亲在找我
母亲在找我
女朋友在找我
后来有十万张寻人启事
找我

程大爷
好吧，没空写新东西，继续分享旧作！这首应该是大四时写的，发表在《飞天》“大学生诗苑”。

梁环
当时也蛮缺爱啊！

田田
迷途知返的少年。

江玲
还自恋，还年轻。

周伟
大学时似乎读过。时过境迁，再看依然感慨……

故乡的少年和乡间小道。

我想象父亲哭了
母亲哭了
女朋友撕扯长发
哭了
想到有那么多人
在爱我思念我
找我回家
我泪流满面
想回家的时候
却找不到
回家的路了

佛罗伦萨的老桥

你可以经过的
无非是事物的表面
谜底并不在河里
泅渡者注定一无所获
如一座桥
它只是被流水
无限的靠近
历史面无表情
任由你东张西望
从右岸
走到左岸
仅需八分钟
假如
从此刻
走到彼岸
则需要耗尽毕生

你很多次路过
我的世界
却一直徘徊于对岸
可以涉水而来的
仅限于语言
你和你的影子
分置于现实和梦境
搭一座桥
你走过了自己
却没走过
彼此心灵上
一个细微的距离

梁环
落花有意流水无情呀！

Reinel
看似很近，实际很远；看似很远，实际很近！

程大爷回复 Reinel
你的理解非常到位！我想表达的是：桥——沟通——理解——心灵相通！可惜的是，相识易，相知难！

戏

你流泪时演员也在流泪

故事在舞台上展开
剧情直铺到台下
随便哪条路都可以走进角色
只是舞台太窄

舞台太窄
奇遇便不可回避
爱情降临时常伴随有雨
或者雪
这时她跑向他的雨伞
说是躲雨
说是她还有一段路程
最后她躲进他的心里

程大爷

周末翻了一下大学时代写的诗，这首应该是大二时写的。当时是去武昌阅马场那家湖北剧院看了电影《爱情故事》后的感慨。如今读来，往事并不如烟，年少轻狂，历历在目！

静子

伤心的泪，为谁只有心里知道。流多了也就不再是心泪，是什么泪也只有流泪人才知道，知己，爱人又真的知道多少?

Pengqi

读着这首诗，如同心弦被拨弄……诗中带出的画面虽然平静，但却让我感到震撼！我居然想祝福那雨中的那对男女，就像我要祝福我自己一样！

张春安

有那么多值得回忆的，真好！

程大爷回复张春安

每个人都有很多回忆，只是，会在不同的时候忆起，并以各自的方式去纪念吧！呵呵。

最后脚印连在一起
某条小巷便没有了尽头
雨雨雨雨雨雨
一个男孩
和一个女孩

笑声猝然断裂
悲剧砸在女孩的头上
男演员缓缓掏出手帕
擦的却是你的眼泪

你流泪时一定是想到了我

斗兽场外“演戏”的情侣。

古镇与少年

一群少年在石拱桥的倒影里戏水。

不远处的石板街上，他们的爷爷奶奶正在摆摊售卖手工制作的豆豉辣椒酱、泡菜和蒜瓣。

一座尖头尖脑的酒壶山站在不远处，似看非看，它就着这浓郁的泡菜味儿喝酒，半醉半醒了1000多年。

白云悠闲地踱着碎步，它的脚步轻得像晌午时的梦境，从宋朝踱到明清，从历史踱到现实，从烽火踱到胜利，从苦难踱到幸福，它从不惊扰小河边那棵千年古树安静守候的光阴。

昨晚的那阵雷雨，其实是初秋送上的一份礼物，它在光洁的石板街上只留下了浅浅的痕迹。

只有风是轻佻的，它时而虚张声势地掀动着每一片树叶，时而又心怀叵测地掀动美女们的裙摆，它唯独忘记了在热烈的太阳下给我送上凉爽。

花朵和小草站在古老的墙头，它们遵守着自己的生活秩序，但是，时常有游人会将它扰乱。

没错，我到达的正是黄姚古镇，一个被上天宠爱了千年的梦境家园。

李玉玄
有幸和大爷同游古镇，目睹了顽皮的少年“调戏”大爷，让人忍俊不禁！

唐佳
第一步，细细读文；第二步，收藏照片；第三步，再次回味这次旅程 真心感谢程大爷支持，期待十八水美照。

老吴
对生活细细地品味，才有这样的文字和照片。

狮子山的季节
有幸作为孩童调戏大爷的唯一见证人。大爷你照拍得好，文章写得更好，膜拜中。

我们花了4个小时，从广州穿越到了民国，接着又穿越到了宋朝的开宝年间。

想象自己就是当年某个浪迹天涯的游子，身上的银子刚刚够买壶烧酒，全然不去想明朝酒醒何处，趁此生未老，就着半碗泡椒和蒜瓣，一醉解千愁，以石板为床，月色为被，长睡不醒，期望可以随梦潜入千里之外的故乡。

“你的胡子好长哦！”一阵稚嫩的童音惊醒了我缥缈的思绪。

我抬头看见，一个刚才还在河里游水的少年，特意走到我的面前，对我说完这句话就一溜烟地跑掉了。

我抚摸着自己那野草一般杂乱无章的胡子，哑然失笑，不禁朝着那个少年的背影喊道：“小子，别着急，再过几十年，你也会有程大爷这么长的胡子的哦！”

荷塘

当一朵荷花抛弃了冬季
当一条鱼迷失在云里
当一粒鸟鸣
坠入伤痛的水底
当一个莲蓬背叛了果实
它用虚无收集
苦难的露水
当一片荷叶
挣脱掉无知的翠绿
我看见它的枯槁
像灵魂松开了自己

我不知道该如何面对
这过于辽阔的心灵
又一片叶子
因为贪玩而离开了枝头
它飘忽如放纵的语言
被大地遗忘的荷塘
此刻被月色温柔地舔着
入冬以来
它习惯保持着沉默
被迫吐出满腹的枯荷
和一条漏网之鱼
企图以此来擦掉
这多余的光亮

月光仍在挖掘
人间尚待开发的美学
许多暗部的细节
被反复磨砺
它的构思
沉湎于黑夜的迷宫

我只能用意象
潜入这词语的秘境
枯萎的荷叶
密密麻麻
排列成一首短诗
偶尔惊飞的麻雀
像是在给一部默片配上字幕
有好几次
我想走过去
挤在那一行整齐的枯荷中间
坐下
像另一株枯荷

邓璟
如诗的感情，如画的意境。👍

小雨滴
好诗！第一节最后两句、整诗的最后三句，真有味道！

梦语轻言
喜欢最后几句，有种孤独寂寞的颓废引发的淡淡的哀伤！

乱世蛙人
我们都曾盛开过……细细想来，每个不曾摇曳的日子都是对生命的辜负……

银杏村

直到远山
屏住了呼吸
直到鸟鸣
从一个枝头
跳到了另一个黛色的屋顶
直到风
放弃了秋天的矜持
偷偷摸摸地
翻阅着瓦片上的阳光
直到白云收拾好

陶醉在秋色中的小女孩。

昨夜的深思
热情洋溢的地在蓝天跳舞
直到每一扇窗口
都睁开惺忪的睡眼
直到孩子的笑靥
绽放成童真的花朵
直到有一条藏在落叶中的路
将我
带到你的面前

你东张西望
当着太阳的面
才摊开手掌
叫我快看
一直被你小心翼翼地捏着
生怕
一不留神
就会被冬天抢走的
那个
金色的童话

黄昏

落日的余晖有一种苍凉的美，让人不忍直视。

黄昏的地平线，夕阳如同一个巨大的句号，此刻似乎正画着谁的伤感，谁的别离，谁的爱情即将进入永夜？黄昏再美终究不可永恒。

明知辉煌过后是暗淡，仍期待把一切都留住。

匆匆的脚步追赶着自己的影子，忽然发现时间不会等我们，不会容许彩排之后的从头再来。

谁都想有机会去弥补人生的种种缺憾，岂不知时光一去不再复返。

那些生活的流转变迁，堆积成一个个精彩的故事，激活感动着我们真真实实的生命与心灵。

那些在不经意间悄悄远行的岁月，如同落日后绚烂的晚霞，都是生命成熟蜕变后的遗迹。

雪
优美的文章如同落日余晖，让人流连忘返，给人无限瞎想！👍

云天
景再美也不能永恒，人生再圆满也有缺憾。落日的思绪，淡淡的忧伤！

菜园的四季

收完了油菜籽之后，老母亲在腊里山的菜园里又种上了芝麻。

老屋东边上的这块地，总是没闲过，一年四季变幻着不同的色彩，如同频繁更换的布景一般，把老房子装扮得花里胡哨。

今年清明时节小蜜蜂在金灿灿的油菜花瓣间嗡嗡鸣唱的歌声犹存耳畔，此时，眼前上演的却是花蝴蝶在节节高升的白色芝麻花上翩翩起舞的梦幻情节。

如果你能仔细去聆听，这些看似凌乱、密密麻麻的小小花朵，其实是有某种旋律的。

当然，只有像程大爷这种货真价实的农民，才能听懂它们在中午阳光下的低吟浅唱，才能看出它们在一阵微风吹过，用花蕊轻敲出来的那种悦耳的节奏……

这些不起眼的白色小花，盛开在老房子安静恬淡光阴的墙角，不悲不喜，不惊不扰，静看时光如水，从陆水河缓缓流过。

罗周
如我之母。

志刚
真的美！还有总是不能闲下来的母亲！我老母亲也一样，从农村到镇、县、市，一直保持农村本色，勤快善良！

老黄牛
不但读懂人心，而且读懂大自然！不易啊！

七子饼

周末整理书柜的时候，拿出几本杂志翻阅，不经意间，我看见一直存放在书柜角落里的一提普洱茶饼，心里泛起一阵温暖的涟漪，于是放下手中的杂志，忍不住将这提普洱茶饼捧起来端详了一番。

这是一提外面用箬叶包裹的七子饼普洱茶，里边整齐叠放着七个独立包装的古树普洱生茶饼，随着时间的流逝，外面的箬叶已经发黄变脆，触碰可破。

犹记得2006年秋天在云南丽江开会时买下这提七子饼的情形。

那天下午，会议结束得比较早，我们几个朋友约好一起去束河古镇溜达，当走到玉龙雪山脚下一家名为“躲起来”的客栈附近时，胡总停下脚步，说她之前来丽江时，在这个客栈住过几次，感觉非常棒，并且提议我们一起去客栈的院子里喝茶。

走过一段狭窄的小巷，“躲起来”确实名副其实地躲在纷纷扰扰的世界之外，安静得能听见阳光从屋顶瓦片上碎步走过的声音。

客栈的院子不大，角落里花木稀疏，恰好点缀着不惊不扰的光阴，北面的院墙上，格桑花恣意开放，将天空衬托得更加高远。

木质材料的座椅和茶桌，随意摆放，被傍晚时分的太阳晒得格外温暖，茶桌上的全套茶具和上好的普洱老茶，时刻准备着迎接远道而来的客人。

听胡总介绍说，那家客栈的老板娘是从昆明过来的，热爱旅行和摄影，同时还炒炒股票，声称多年前来到束河，之后就不想离开了。

于是，她干脆辞去了昆明的工作，以极为便宜的租金从房东手上长租了这个相对偏僻的小院，主要是打算自己住，偶尔也接待一下喜欢安静的外地朋友。

老板娘连蹦带跳地从里屋出来迎接我们，像个孩子似的拉着胡总的手嘘寒问暖，接着又热情地招呼我们坐下喝茶，如同久别重逢的亲人一样……在

刘虹　摄

这样的气氛感染下，我们找到了一种回家的感觉，直把他乡作故乡了。

老板娘拿出自己珍藏的一饼陈年古树普洱茶，像拿着一件宝贝疙瘩一般。只见她打开破损不堪的宣纸，用一把青铜色普洱茶刀撬动密实的茶饼边缘，然后取出撬下来的碎片，放入紫砂壶中，用滚烫的开水冲洗了两遍之后，才小心翼翼地将再次冲泡出来的茶汤倒入杯中，然后用一把不锈钢的夹子，将茶杯分送到我们每个人的面前。

杯中的普洱茶汤色红润透亮，如同液态的玛瑙，尚未端杯，已经闻到一股醇厚的陈香，裹挟着那一缕袅袅飘散的水雾，将我们周边的空气一点一点地融化，让人感觉到了一种灵魂出窍的惬意。

我端起洁白如玉的小小口杯，先送到鼻翼下闻了闻，然后才将茶汤送入口中。茶的味道温润平和，那种历经沧桑方可得到的馥郁陈香，在唇齿之间左冲右突，峰回路转。

这味道，浓而不烈，淡而不寡，奢华而低调，确实是好茶！

几杯好茶下肚，朋友们的话匣子就彻底被打开了。老板娘得知我是证券分析师，就软磨硬泡，非得让我给她推荐一只股票，我说推荐可以，不能保证马上就会涨啊。

那样芬芳

程总，对我而言，现在更喜欢乌龙系列，特别潮州单丛，硬而厚重，一般人喝不来的！厚重如我们这般年纪！啥时我们坐一起品下！

晏

茶在发酵，岁月在沉淀；品茶品人生。👍

胡宝心

或许，光阴打磨的陈年普洱和真挚永恒的好朋友一样，都是一种回报。很喜欢这句话！

晴天海洋泡泡飞

一饼茶，一段记忆，一抹思念/是否还记得那一年残存在嘴角的茶香/春天的风吹走冬天的故事/留下不变的人随着日子老去。

Zero

想象着两年后七子能为此齐聚，重温十载茶情的场景……

我还故作深沉地“忽悠”她说，好的股票，跟好的普洱茶一样，你要有耐心去守候，让岁月的流逝，带来的不是年华老去的感伤，而是一种满心欢喜的期盼，一种渐入佳境的感动。

我帮她分析了她之前的股票组合，也推荐了一只适合长线持有的股票，顺便提出了一点小小要求，就是想买一点刚刚喝到的让我们如痴如醉的那种普洱老茶。

没想到老板娘竟然会面露难色，她说我们刚才喝到的是她自己收藏的1996年的古树普洱生茶，十年的自然发酵，才有今天的至醇味道，遗憾的是，1996年的茶仅剩下茶桌上的这最后一饼了。而1997年的茶，得等到明年喝才有这样的味道。而且，她说她自己收藏的茶叶，只是供自己喝及招待朋友，所以，是非卖品。

看到我眼神中的失望，老板娘安慰我说，真正的陈年古树普洱，价格奇高，还不容易买到的，外边卖的所谓陈年古树，基本上是赝品。

其实你可以像我一样，每年都买一批当年生产的新茶饼，货真价实，放上十年，你和你的朋友就可以每年都喝上真正的陈年古树普洱茶了。

你可以想象，那些被你买下的新茶，跟着你翻山越岭，来到你的城市，你以十年甚至更长的光阴，耐心地陪伴着它自然发酵，它和你呼吸着同样的风花雪月，聆听着同样的风声雨声人世喧嚣，感受着同样的寒来暑往季节更替，它在时间的年轮中成长成熟，最终以至诚至信的品质，回报你的一路相随，这样的茶，换谁也舍不得卖的啊。

虽然之前从来没有收藏普洱茶饼的经验，那一刻，我忽然有了收藏一点当年新茶的冲动，去体验一下花十年的时间去陪伴一饼新茶发酵的过程，也给十年之后的自己，留一份小小的礼物吧！

我央求老板娘带我去她自己买普洱新茶的店铺去买茶，一定要是最好品质的，价钱贵点也没关系。

茶叶店离客栈就十几分钟路程。店不大，店主见是熟客带来的，说你以前没有收藏经验，这次就不要买太多，一提有七饼，藏着玩一玩，差不多就够了。我一算我们当天去客栈喝茶的朋友正好七个人，我买一提七子饼茶，里边就刚好有七个饼，一人一个，各自带回家去收藏着，当作我们这次来丽江的纪念，岂不妙哉？

回到客栈院子里后，我像个凯旋归来的战士，骄傲地举起手中的七子饼茶，同时宣布将分给每人一饼，留作此次束河茶聚的纪念，并且约定，十年之后，当这款古树新茶经过岁月的洗礼，出落成风韵十足的茶中珍品，我们就带着各自的故事重聚吧。那时，青山在人未老，老友相聚，品茶聊天，那该是怎样的一番景象啊。

大家欢呼雀跃不已。正当我准备用剪刀剥开包装分茶之时，胡总却阻止了我。她半开玩笑半认真地说，不忍心让原本在一起的七个普洱茶饼兄弟骨肉分离，或许，它们相互拥抱着，息息相通，相亲相爱，会有更好的成长环境。还是由程大爷一人悉心照料它们，十年之后，我们再来一个隆重的开茶仪式吧。

大家觉得胡总的建议甚好，这提茶没有拆封，被我带回广州，放置在书房里的柜子里。这一放，就放了整整八个年头。

时光的流逝，虽然让我们的两鬓多了不少白发，但它却以一提日臻成熟接近完美的古树普洱七子饼，小小地补偿了一下我们，我甚至在憧憬着两年后的秋天，八年前在“躲起来”客栈里七个好朋友之间十年重聚的那个约定，那该是怎样的一番温暖情愫啊！

如果说龙井茶因为娇嫩易变保鲜期短而像极了浪漫的爱情，红茶因为温暖包容而弥漫着亲情的气息，那么，普洱就应该象征着漫长人生旅途上不期而遇却可以相知相守的友情了。

或许，光阴打磨的陈年普洱和真挚永恒的好朋友一样，都是一种时间的恩典，都是真诚锤炼真心守候的一种回报。

岁月蹉跎，我们一路走来，借着因缘际会，悲欢离合，有太多的人与物注定会被永远遗失在平淡无奇的流年里。然而，这一提普洱茶七子饼于我，却有着某种神圣的意义，它和真心相待的朋友一起，陪伴着我，让我有勇气去对抗年华的风沙侵蚀，蔑视命运的无常，无惧一个又一个的“十年”从面前飘然走过。

雾

我假装看不见
生活的真相
离我最近的事物
都在谎言里沉睡
昨夜的雨
只下了一小半
像极了我
欲说还休的表白
此刻
一棵树正陷入
单相思
她迷恋自己的倒影

Pengqi
像雾像雨又像风，像他像你又像我。

程大爷回复Pengqi
呵呵，人生需要一场雾！

Pengqi回复程大爷
我们更多的时候不是视而不见，而是雾里看花，于是又乱了神！

晏
在雾中的人事物本来很美丽，可惜现代都市中的雾霾可以使大爷误认为大妈。

风来自秋天
然后
又消失于秋天
没有被太阳改变的小路
也没有被雨改变
远山的脸色
略显苍白
她从前世探出
高调的身子
濯洗着
模糊不清的灵魂
落叶拉近了
我与冬天的差距
花朵止于凋零
生活的原貌
止于视而不见

W I N T E R 冬天

冬天是卸妆后的春天

冬天是卸妆后的春天
春天
是乔装打扮的冬天
那些过于谨慎的桃花和杏花
仍躲在寒冷的气候里
她们派出梅花作为密探
试图刺破厚重的棉衣
刺探到心花怒放的情报
她们醒着的耳朵
在等待
春雷扣动扳机

月亮是挂在天边的露珠
露珠
是躺在叶子上的月亮
过于完美的夜空
也许是美颜相机的杰作
村庄的根须深入传统
枝丫上结满
五颜六色的乡俗和俚语
二十四节气
蝴蝶和蜜蜂贪睡
萤火虫却夜夜失眠
她把星星装进口袋
还是没有找到
那条时光倒流的夜路

橘子是堂屋前喝醉酒的灯笼
灯笼
是心灵手巧的妹妹裁剪的橘子
它们不休不眠
即使被霜风吹得摇摇晃晃
也要努力站稳脚跟
把整个冬天
点亮
孩子们的脸上
涂抹了日渐浓厚的年味
天边的游子
正在网上秒杀返乡的车票

故乡是调色板上信手涂鸦的天堂
天堂
是雪野中故意迷路的故乡
炊烟是上帝垂下的软梯子
它挂在老屋的黄昏
爬满了乡愁
不记得
当初是哪一缕清风送我
在少年不识愁的夏季
如何转身
离开那眺望的眼神
而此刻
却分明望见
母亲等在腊月的门边
拄着佝偻的身影

人狗情未了

我的朋友蒋哥是个特别有意思的人，他擅长的事情，恰巧都是我的弱项，比如说参加国内外的“铁人三项赛”而且还取得了优异的成绩；比如说经常独自一人驾车沿318国道，出没于藏区人迹罕至处的名山大川，最牛逼的一次竟然把车从成都直接开到了拉萨；再比如养狗，在成都的圈子里，也有达人的名望。

蒋哥养狗的时间也不是太长，但他对狗的认识和理解，却是我认识的朋友中最为独到的。去年深秋时节，蒋哥开车带我和几位好朋友一起去川北米仓山看红叶，刚刚到达山脚下盐井河林场招待所的门口时，突然有一条半人高的大狗朝走在最前边的陈二爷扑了上来，前爪甚至搭到二爷的肩膀上了，一时间大家吓蒙了，陈二爷更是吓得面如土色。这个时候，只听见蒋哥朝那只大狗叫唤了几声，然后走上去双手抓住狗的前爪放到自己的肩膀上，那只猛犬不断摇着尾巴，十分听话地跟他玩了起来。蒋哥一边逗着狗，一边安慰我们说，别害怕，这只狗是出来欢迎我们的，它在这深山里太寂寞，看到来客人了，有点过度兴奋，就自告奋勇，代表主人出来迎接咱们了。

我当时还以为蒋哥只是随便说说而已呢，没想到他竟然把自己的几根手指头放进那条大狗的嘴里，说狗不仅不会咬他，而且还会把牙齿往口腔内缩，生怕会碰到他的手指呢。因为狗只有生气的时候才会咬人，那样的话，它的鼻子就会耸起来，目光也会凶狠得多。看到这一幕，我忽然对大狗多了一些好感。随后几天，这只大黄狗跟我们打得火热，我们吃饭时，狗也跟着进来餐厅，安静地坐在蒋哥的椅子边上，我们打麻将时，狗跑进来乖乖地趴在蒋哥的脚边。最神奇的是，我们开车十多公里去米仓山红叶最灿烂的北麓，刚停好车，发现狗一路跟随，也上山陪我们看风景来了。后来，我们离开米仓山时，这只大狗一直把我们送出几公里开外，直到蒋哥停下车来，下去跟它说了一番话，它才依依不舍地回去了！我好奇地问蒋哥，狗能听懂你的话吗？蒋哥告诉我，这只大狗的智商应该相当于一个5～6岁的孩子，它还会看你的脸色呢！

其实，我小时候特别喜欢狗，也养过狗，但是，自从发生过几件跟狗有关的伤心事之后，我就不敢再去养狗了，慢慢地变得还有些怕狗。

那个时候，在我的家乡腊里山，几乎每家每户都会养狗和猫，当然还有牛和猪，狗基本上都是土狗，皮毛多是黄色，偶尔有黑色或白色，没有现在看到的这么多品种，更谈不上什么高贵血统的进口名犬了。

记得我读小学时，母亲从表叔家抱来一只小黄狗儿，我和弟弟都特别开心，每次放学回家，还没放下书包就跟它玩。我们去放牛和打猪草时，小黄狗偶尔也会跟我们一起去玩。那年冬天，家里准备杀年猪，这在乡下是一个十分隆重的日子，由于需要用到腊里山比较稀缺的木柴烧开水还有炖肉，母亲就搭了架木梯爬上堂屋的阁楼间去取木柴，下木梯时，有一根粗木柴不慎滑落，不偏不倚击中了小黄狗的脑袋，小黄狗只是哼了一声，便倒地身亡了。

放学回来，不见了小狗，我就预感不妙，还是二姐告诉了我小狗死了的消息，我当时忍住没有哭，只是眼泪在眼眶打转。母亲因为自己的过失，也懊悔不已，大概是怕我们责怪她吧，她刻意去菜园里挖红苕，天黑了很久之后才回到家里。

我跟幺弟商量了一下，决定参照我们乡下老人去世后办丧事的仪式，在凤凰山脚下选个好地方把小狗给葬了。幺弟叫来一大群平日常跟着我们混的小屁孩，又拿了件破衣服剪成布条，于是小屁孩们个个披麻戴孝，一路装腔作势地哭哭啼啼，如丧考妣，似模似样地给小狗送行，场面相当壮观。

小黄狗死了不多久，母亲又从别的亲戚家抱来一只小狗崽儿，这条狗长到一岁左右的时候，赤壁公社革命委员会的王主任来我们村视察。王主任爱吃狗肉的嗜好，闻名遐迩，传说他随身总带着根棍子，想吃哪条狗时，就以迅雷不及掩耳之势，对着狗的鼻子一击，狗便应声倒地不起。后来，狗见到王主任来了，都会赶紧跑开。可怜我们家的狗，阶级斗争的警惕性不高，对革命形势的严酷性缺少必要的思想准备，那天就被王主任不由分说地“革命”了。我放学回来，找遍整个村庄却连狗的影子都没见着。听父亲讲，我还在上课时，李书记来我家，对父亲说，王主任看中了你们家的狗，这是你们家的光荣，也是革命形势发展到一定阶段的需要，作为一名老共产党员，这点觉悟还是要有的。父亲也没法不同意，再说了，当时狗已经被他们打死了，正挂在一棵歪脖子柳树上剥皮呢。

我离开腊里山去车埠中学读高中后，母亲在家里断断续续地养过好几次狗，但都被窜来我们村的狗贩子们用一种名为“三步倒”的毒药毒死，狗尸也被他们偷运到广东卖钱了。三番五次的被偷后，母亲也伤了心，很多年，家里就没再养狗了。

今年休年假期间，又跟蒋哥去了一回川西北的雪山草地，中途休息时，见到许多自驾游的人带着他们的宠物狗，大的快有一人高，小的却如同松鼠大小，这些千姿百态的狗，总是让人忍不住多看几眼，蒋哥则不断地给我介绍这些狗的种类和习性甚至市场价格，我对狗的认识又丰富了不少。

狗真是一种不可思议的动物，它有灵性，甚至智慧，它友善热情，有着朋友般的善良与爱心。我在想，狗之于人，或许就是你寂寞时一个安静的陪伴，你烦恼时一个耐心的倾听，你悲伤时一个温暖的拥抱，你快乐时一个放肆的分享吧？它没心没肺，没城没府没心眼，不会欺骗你的感情，还有金钱。

在离开成都之前，我向蒋哥讨教了三个问题：第一个问题是，世间有亿万个物种，为什么只有狗和猫成了人类最主要的朋友？为什么不是牛和羊？蒋哥的回答是：缘分！正如，在亿万人之中，只有那么一个人是陪伴你一生的爱人，只有那么几个人是你患难与共的朋友一样。第二个问题是，人与狗之间的感情，可以比拟人与人吗？蒋哥的回答是：它最终会被你视为家庭成员！在养狗的圈子里，大家都会以“我儿子”或“我闺女”来称呼自己的爱

万-三

质朴有趣接地气。👍

云中望月

哈哈！程大爷写得神乎其神，不过，我很受用，果断收藏！

Reinel

可怜的小黄狗。😳

Lulu

我在深圳工作时也养过一条狗6年，最后的结局也是惨痛别离。所以，即使非常喜欢狗但也没有勇气再养狗了，原因就是不敢想象将来要失去它时的痛苦。😣

Leave

看完，好怀念小学的时候和狗狗一起玩耍的时光！

犬，会像照顾自己的孩子似的照顾它。第三个问题是，如果狗死了，你会有多伤心？蒋哥的回答是：伤心欲绝！狗的寿命其实很短，10岁就算老狗了。蒋哥说，他养的第一条狗就是老死的，当他最终明白，它的寿命已经到达终点的时候，唯一能做的就是给它买了块墓地！

当然，我怎么会不明白，一条懂你的狗突然离开的那种伤痛呢？恰恰是那种过于深刻的伤痛，让我对养狗保持着某种曾经沧海的敬畏。

在广州的街道上，每当我看到有一辆簇新的宝马X5从身边飞驰而过时，我就会想象蒋哥在崎岖不平的318国道上把车开得飞快，远处蓝天沉醉白云妙曼，雪山耀眼炫目，副驾驶位置上坐着他心爱的老狗，他瞄了它一眼说：美呆了吧？小子！

皈依在最深的红尘里

这几天的娱乐版头条又被王菲和谢霆锋占据了，各种版本的“锋菲恋”段子，在网络在纸媒在微信朋友圈泛滥成灾，娱己娱人，笑声不断。

王菲确实是个有故事的人，她的情感世界，既出世又入世，既神秘又开放，既高雅又庸俗，既冷漠又热烈，既超凡脱俗又惊世骇俗，没错，这个外表看起来清澈透明孤高冷艳如同一条山间小溪的歌坛女神，原本就是一个挣扎在混沌如烂泥塘般内心世界的凡尘女子。

她外冷内热，她寡言多欲，她热衷于穿青衣打坐唱佛歌念佛经，她沉迷于打麻将抽烟喝酒，几近五毒俱全……哪个才是更真实的王菲？

我认为，她的两面应该都是真实的，她的双重人格或许是与生俱来的，只是，她始终在这个双重人格的两极摇摆，永远找不到可以让自己心灵宁静的那个支点。

就如叔本华所定义的人生，“得不到时痛苦，得到了又无聊，人生就是一个在痛苦和无聊之间摇摆的过程”。可见，她的内心堆积了太多的冲突，而且，这样的冲突无时无刻不在折磨着她，让她无所适从。

这样就不难解释，她屡次被传皈依佛门，她被发现在飞机上打坐，她将《大悲咒》唱得空灵缥缈，然而，她依然六根未净，凡心难了，原因是她根本上就没有想过要去做一个真正意义上的佛教徒，信佛只是她试图去化解内心这个激烈冲突的一个工具，平复困扰着她一生的精神危机而已。

这样去皈依佛门，无异于缘木求鱼。无情的是岁月，它让一个女子离经叛道的个性，从让人赞叹不已到令人啼笑皆非，仅仅用了十年的时间，而曾经望着她吹口哨的那些男人，现在会指着她说粗口，尽管没变的是个性，改变的是容颜，美人迟暮，流水落花，芳菲尽，可怜王菲已成“王婆”。

王菲一生都在忙着演自己，而且演得辛苦，演得悲催，眼看她快要演砸，演成一个供人茶余饭后消遣的笑话。

而少年老成的谢霆锋凭借其高超的演技，这么多年来，将孝顺儿子，深情恋人，宽厚丈夫，慈爱父亲等各类角色演绎得出神入化，游刃有余，不断将自己的演艺生涯推向高潮。

最近看电视，才知道小谢接了两个角色，一个是《十二道“锋”味》中默默无闻的男主角，另一个当然就是轰动世界的“锋菲恋”中那个过气歌手“王婆”的小情人，这个角色，小谢演得十分投入。

在香港做艺人，远没有大陆这般风光，不过是一种“揾食”的方式而已，戏演得再好，歌唱得再红，也不过如阿一把鲍鱼做得街知巷闻，阿二把靓汤煲得香飘千里一样，是一门赚钱手艺。

小谢是个好演员更是个精明的生意人，对金钱还是蛮有感情的，他很小就被嗜赌如命的父亲谢贤“卖”给杨受成的英皇娱乐，开始了演戏唱歌赚钱替父亲还赌债的演艺生涯，演戏唱歌实在是为生活所迫，但戏演得多了，演技便练得炉火纯青，入戏快，出戏更快，情场浪子的感情，当然从来就是一场游戏一场梦。

难得的是，小谢还是足够坦诚，对于自己的欲望，不遮掩，不做作，内心深处没有纠结，没有冲突，所以，他要比王菲简单太多。

这两个人的差异，按理说比火星到金星还远，可是，娱乐圈里什么事都可以发生，他们偏偏纠缠在一起，而且还瓜葛了十多年。

据小谢自曝，十多年前的“锋菲恋”，源自于一个赌局，据说是小谢跟圈子里的一帮狐朋狗友打赌，多少天内不费吹灰之力就可以把看起来孤高冷傲的歌后“搞掂”，结果就是，没等小谢发力，王菲着魔似的挺身而出，“搞掂”了小谢，然后又牵涉那个“张白痴”，后又斜刺里杀出个陈冠希，剧情之狗血，之跌宕起伏，已超越小谢演过的任何电影。

以至于落幕十多年了，小谢这辈子还没有一个角色的关注度超过“王菲小男友”。十年后的今天，小谢星光黯淡，“揾食”艰难，终于天赐良机，获得可以在“锋菲恋”第二季中继续扮演“小男友”角色的机会，他奋不顾身地抓住了！

这一次甚至更为狗血，更抓眼球，坊间早就揭穿这只是为了提升知名度的一次联手炒作而已。

坊间又预言说，这个恋情，以赌局开始，以炒作继续，最后必定会以笑话结尾，这么说，这不过是一场资产重组的商业活动？

两个赢利能力江河日下的艺人，经背后的财务顾问快速介入，“破镜重圆”概念股，一复牌就来了好几个一字涨停板，身价市值暴涨好几倍，这重组方案和市值管理做得如此这般的成功，达到了石破天惊的特效，一加一远大于二之后，故事还会怎样讲下去，这就需要无比巨大的想象力了。

艺人可以成为偶像，但是，如果因此就拉他们去做道德模范，这只能说大家想多了。对演艺圈做道德评判跟对上市公司做价值评判一样，是一件很累的事。

米兰·昆德拉在《不能承受的生命之轻》中写道：令人反感的，远不是世界的丑陋，而是这个世界所戴的漂亮面具。翻译成民间语文就是，人们反感的不是一个人去当婊子，而是她同时还要试图去立个牌坊！

一旦从事演艺，基本上就跟一家公司上市了一样，想保留隐私几无可能，艺人们要做的，其实跟一个上市公司要做的类似，即及时的信息披露，让他们的真实意图变得明朗化，让观众了解并且接受，这样，才不会让内心积聚太多的冲突。

没有办法，红尘滚滚，谁都不会超凡脱俗，起初不经意的王菲和少不更事的小谢，红尘中的情缘，只因那生命匆匆不语的胶着而难解难分。

纵使将佛门踏遍，将佛经翻碎，遇到了酒肉，王菲也难无动于衷，与其纠结，何不将矜持抛弃，让酒肉穿肠而过，将佛祖心底深藏？须知，人生不仅如戏，还如梦。

那样芬芳

人生如戏、如梦！每个人都如此！

小雨滴

部分赞成，部分反对。王菲很勇敢！很真实！她在世俗中，可她绝迹于世俗！人非圣，但她是自己生活的朝圣者呀！

程大爷回复小雨滴

呵呵，一家之言，纯粹个人印象，不做道德评判！

小雨滴回复程大爷

我也纯粹个人感觉，毕竟只是凭媒体看人。但我觉得站在一个45岁的女性角度来看，她真的与众不同！她本来也不是一般人吧。其实我们不是她，焉知其苦乐耶？

程大爷回复小雨滴

看相嘛，我会一点哦！呵呵，她活得真苦，且从来没有真正快乐过！皈依佛门，只是求解脱呢？

九华山甘露寺，年轻的僧侣，内心平静，表情安详。

暖冬

落日是一个句号
挂在小蛮腰的腰上
火烧云按捺不住
表情换来换去
看样子它急于结束
这个不冷不热的白天
广州的城府太深
它的白天暧昧
它在夜半咳嗽
往北边望去
白云山沉默寡言
坐在一片黑色的云朵里
满山的树木
一如既往地绿着
像一件从不换洗的衬衣

气象台是一位诗人
黄昏时人情冷暖
天黑后阴晴圆缺
此事古难全
股评家在电视上
把牛市评得痛不欲生
从环市东路走过
我看见三角梅的花朵
永远都模棱两可
LED广告牌起劲地吆喝着
要害处闪烁其词
它的生活态度
摇摆不定了一整天

北风本来是雪花的魅影
它却出没于
不合时宜的花丛
它的柔情蜜意
让落叶更显轻佻
冬天是个骗子
说好的雨没有来
寒流的立场又含糊不清
我看见它的微笑
时而藏着匕首
它的冷漠
忽然又流露温情

必火
诗人的心永远年轻。

麦兜
我喜欢图片中散发出来的那种感觉。

消失的时间

我看见了城堡
却看不见硝烟
士兵的呐喊
埋伏在
一幅油画里
号角不曾停顿
闪烁在城墙上的旌旗
是那一场战争的遗言
所有的结局都已写好
露水赶在黎明前启程

我看见了马路
却看不见马队
历史曲折
如同一根葡萄藤
需要多少个传说
铁蹄才能踏碎冰冷的仇恨
城门外的拴马圈
拴不住
汗血宝马的一声长啸

梁环

时间消失了，却灵动了一个假期！

老黄牛

诗情跳跃，意境悠远！有一种写意画朦胧美！

黄云

你终于不执着地发花花草草了，原来景拍得也不错 诗很美。

日月星辰

你的世界很美，留在你的作品中。

我看见了美酒
却看不见英雄
风笛从一颗葡萄抵达酒窖
需要花上整个秋天
英雄是一部史书的遗物
他来自一杯酒
然后，消失于另一杯酒

我看见了雕塑
却看不见爱情
夏娃与亚当之间
还保持着
某种不必要的距离
恰好让一个神话
找到了插足的借口
痴心都有罪
需要在墙壁上展览千年
一个拥抱的姿势
不幸成了永恒

我看见了教堂
却看不见上帝
秒钟在钟楼上赶路
无论你何时到达
永远都会迟到一千年
天堂之门临时关闭
有太多的悲剧正在装修
唱诗班歌声悠扬
平淡的生活饱受赞美
人潮拥挤
你需要独自练习
想象：上帝与爱
一般只存在于
时间之外

冬至

陌生人，在你迟疑的时候
我已经抢先一步
踏入了夜晚
我必须走得快一点
为了不让你看出
我的手心里
并没有攥着
一朵六角形的雪花
暗蓝的天空
她的手心里
也没有攥着
一颗寒星

陌生人，在你低头寻找的路上
我已经走过
一盏小小的马灯
它比理想更靠近幸福
比玫瑰更靠近爱情
比饥饿更靠近面包
它比你
更靠近我
它执着于
点亮冰冷的记忆
我臆想中跑出一驾马车
从北风中呼啸而过
它跑得很快
很快
越来越接近一顿
壁炉边的晚餐

向往原野
最近很勤奋哦！
冬至快乐！

狮子山的季节
下次党员活动
你也帮我拍一
张沉思的。

陈真
牛逼的诗，如果就单
独的一段可能印象更
深，略长了一些。

在黄山，大雪中的欢乐伙伴们。

陌生人，在你沉默的时候
我悄然回到
你消失的地点
冬天没有误入歧途
它甘愿落入
寒冷的最深处
其实，黑夜只是装睡
它会晚一些醒来
你最终会发现
我的身体包裹着
厚重的棉衣
而我的灵魂
一直裸露
在世俗的寒风里

彼岸

你在水的彼岸
让一座雪山保持着安静
太阳悬挂
在某个停滞的时间
我背负着自身的重量
最终抵达世俗之水的源头
据说那里是你的童年
冰川的裂缝咕咕冒出纯真
快乐如水花四溅
一秒钟之后
水流向了生活
拐了九个弯
就被人间烟火污染
庸俗得如同
我的成年
幸好还有水草招摇
划出人生的每一个方向
这多么像你的长发
对于我生命的意义

一座老石桥的存在
只会让水流更加湍急
即便有一道堤坝
也拦不住流浪的欲望

小庾
好像与世隔绝。

向往原野
看吧，表达真是个技术活。无论是诗还是图。

老黄牛
碧水蓝天白云雪山，然后只有诗情画意！

米宇
放飞心境。

鹅卵石的登山小径
你走着走着
却总是走不出
那部迷宫般的蛮荒历史
暮雨如旌幡吹拂
挟带着慈悲
淋湿了山路和你的心情

风在你的身后
轻轻地拨弄着风铃
白云只顾着自己赶路
完全无视雪山
无边的沉默
一首高亢的歌谣
卖力地唱着你的心境
我看见
敲击羊皮鼓的手
隐匿在原始森林的深处
它将你的心敲打得
如此酸痛
白桦林保持倾听的姿势
站在山崖上
走回薄雾缥缈的人间
深秋散发闲愁味道
柔情却细如雨丝
无声无息
趁夜色潜入你的心底

酗酒的原因

你睁只眼看酒
另一只眼
看酒的成分
酒是奇妙的液体
酒令你的眸子
散发光泽
你伸出味觉
舔了舔酒的滋味
不过是三分甘醇
　　三分苦辣
　　三分说不出来
吮着酒杯
你连声赞道：好酒好酒
于是便醉了

趁着醉意
你把二十年人生
打量了一遍
把饮酒的前前后后
打量了一遍

你开始骂人
接下来便号啕大哭
酒化为某种感受
醉语卡在咽喉
你只好大口大口地呕吐
吐得遍地都是
直到吐出血来

你重新清醒
可口中索然
此时你无法品尝生活
甚至食物的滋味
你仍睁只眼看酒
另一只眼
漠然地闭合
你看不清酒的成分
你因此放声大笑
为手中这残剩的半杯
千年佳酿

程大爷
这首诗是我二十岁生日时酒后所写的！

BINGO
安眠药片准时发下了。

静子
在开心与难过时它都是很好的伴友，酒逢知己千杯少！

酒

在冬天写一首诗温暖自己

你躲在千里之外
偷偷地想我
满城的梧桐树
因此落光了叶子
你想得很苦
就拾了片枯叶寄来
拆开信封我就知道
在你的寒冷季节
总有几个起风之夜
你会踏着落叶散步

有条河肯定瘦得不成样子
这是枯水期
所有的江河都不丰满
你精心地挑了几个
晴朗的日子
坐于河岸之时
往事纷纷
掠过你的眼睫
对岸是一片稻田
乌鸦成群飞来
秋收之后
还不到播种的季节

程大爷
写于大学毕业那年。

Zhaow
小芳印象。

程大爷回复zhaow
这个你都知道了？呵呵。

王磊
你还是当年那个程峰，不管岁月如何流逝，唯一改变了的仅是你的相貌。不变的眼神和不羁的心却是依然如故。这是否真应了那句话：“江山易改，本性难移；风流倜傥，多情依旧。”老哥啊！……二十年了。

程大爷回复王磊
呵呵，青山依旧在，几度夕阳红！

真想种点什么
方格稿纸上
尽长些三月的小花小草
可这是在冬天里
北方的湖泊都已封冻
你很想变成候鸟
心却分不起来
南方的冬天依旧寒冷
我以暖暖的心窝等你
来我的春天垒巢

不可模仿的库克同志

昨天上午打球时，阿鹏哥把打不好球的原因归咎于库克“出柜”。因为上周四晚上，库克公开了自己的同志身份，还宣称：“作为一个同性恋者，感到骄傲！”“能成为一个同性恋者，这是上帝送给自己的最伟大礼物！”

阿鹏哥说，看到这个消息后，深受刺激，早晨起来后，感觉所有的事情忽然都变弯了，连球都没有例外，可见库克出柜影响之深远。

但凡智商高到一定程度的天才，都有些异于常人之处，库克的性取向，原本是他自己的私事，就像乔布斯的食物取向是素食一样，那是无关紧要的信息，大家感兴趣的只是苹果的产品，也没有投资人会认为CEO的性取向是上市公司应该及时披露的信息，没有人逼他承认，库克自己突然说出这样的话来，倒是让人觉得莫名其妙，背后的真相到底如何，众说纷纭，莫衷一是。

我对同性恋的态度是：不赞同这种行为，但是会尊重别人的选择。对同志，我也没有歧视，但是，库克的自豪感令我反感，至于他所宣称的“上帝赐予的伟大礼物”，如果给了我，我宁愿去吃屎。

乔布斯没有宣称信佛是菩萨赐予的最伟大礼物，程大爷也没有宣称信共产主义是马克思赐予的最伟大礼物，库克只不过“性”男人，就跑出来宣称，实在是对苹果的一次羞辱，乔布斯九泉之下有知，会不会默默流泪？

当然，也有人会为库克公开出柜而叫好，认为他勇敢有担当，苹果公司的董事会没有阻止他这么干，说明苹果公司是家超级自信的公司，库克是一个超级自信的技术天才。

没错，也许这才是库克高调“搞基”的深层原因，单从智商这个层面，库克显然处于人类金字塔的塔尖，然而，这个层面男女比例严重失调，库克又不愿意屈尊降低智商层面去找对象，基于天才的超级自信，库克决定找一个男子，以证明智商可以改变自然规律，变不可能为可能。

还有人认为，以库克的智商，找女性恋人难度系数太低，不具挑战性，

既然大多数人找的都是异性恋人，出于天才的超级自信及不愿与平庸的大多数为伍的卓越个性，他骄傲地出柜了！

只是，库克的高调是否会影响那些高智商青少年未来的性取向呢？作为IT产业中最具影响力的人物，他的言行，可能是许多心智尚不成熟的天才少年的模仿对象。

CCTV有一个各路高手表演绝活的节目，经常看到单手劈砖，以头碎石，口吞活蛇，喉挡利剑等高难度技术活，由于担心小孩子会模仿，都会打出“以上表演者经过专业训练，观众切勿模仿！”这样的警示语。

库克这次表演的高调出柜绝活，即使高智商者也未必可以轻易模仿，至于智商平凡者，还是随大流跟异性恋爱结婚生子会比较不容易受伤吧？

至于像阿鹏哥这样恰好有个智商很高又处于青春期的儿子的中国父亲，确实要思考一下怎样跟孩子讨论库克同志的高调出柜。

如果某一天晚上，你跟孩子一起正坐在沙发上看电视，座机电话铃声响起，你拿起话筒，听见对方用沙哑的公鸭嗓子说“伯父您好！我是您儿子的男朋友……”时，你是不是去死的心都有了呢？

Ley

按教科书的说法，每个人在成长过程中，都或多或少地在某个时期有偏离的倾向，只是自己不自治。库克只是“坚持”了下来。

涛音飞扬回复Ley

问题不是坚持，那是个人的事。身为有很强影响力的公众名人，公开和炒作有违基本规范。

程大爷回复涛音飞扬

不反对，但你以此夸耀你的嗜好，就会教坏细路仔哦！比如你爱吃屎，你一个人吃，没人反对，但是你夸耀，就会让人恶心！呵呵。

北方的河流

黄河壶口瀑布旁“乔装打扮”的年轻人。

与天空的倒影无关
北方的河流
从来都只是河流
山站在拐弯处
那是因为山在沉思
榆树在河边列队行走
模仿一群无家可归的孩子
被风拉扯的童年
每次告别千里冰封的北国
她与江南的杏花春雨
不过是一场邂逅
废弃的皇宫和古塔
在幽怨中后退
许多朝代的更替
被证明
与河流无关

她蜿蜒的流域
仅仅是向往南方
那龙舟和雨水的故乡
谁的社稷江山
被乡愁占据着大半的领地
仙女濯足
河水泛滥
那是因为爱情的缘故
短暂的枯水期
据说也是由思念
一手造成

唐诗宋词收留了
太多苦难
风沙与冰霜
指向秦砖汉瓦的兰花指
已经枯萎
英雄是一条漏网之鱼
美人是另一只伤痛的鸟
悲壮的历史掉进河里
化为一截随波逐流的枯木

玉石和黄金沉入水底
是被谁辜负的誓言

古渡口和战争
改变了皇帝的命运
却不曾改变河流的方向
在一部宫廷大戏中
导演在雨水中加了盐
也没有变成泪水
船只是美工师添上去的布景
她的波浪
不是因为风

清澈或者浑浊
只是两种不同的心情
月亮淹死在水里
纯粹是诗人的想象
戏曲中的无限江山
别时容易见时难
掩面而泣的废帝
劝告后人
独自莫凭栏
冬天静止在一块石头上
浪花会趁机打湿哲学家的脚
那奔腾不息的灵感
就像时间
不由分说地
从我的身上漫过

“吃货”的需求层次

休完年假回来，发现有几条裤子竟然变小了，这才意识到，一个月来，身上的赘肉不知不觉中已经形成了一定规模。

反思了一下，除了心宽体胖这个因素，吃得太多，还是主要原因。

自从大学毕业来到广州，这个体重增加的上升通道一直没有被打破过，锻炼没有减少，对美食的眷恋却与日俱增，控制体重就只是一个美好的愿望了。

从小到大，对于美食，程大爷始终怀着崇高的敬意和衷心的热爱。出生于物质极度匮乏的年代，人们对吃的重视程度，没有任何别的事物可以替代，甚至可以说，那个时候人活着的意义，就是为了吃饭。

当吃饱不成问题之后，人们的注意力又转向吃好，吃得营养，吃得安全，“吃”可以说是我们过往人生的永恒主题。

然而，当越来越多的疾病被证实跟过度饮食有关时，是对吃保持必要的戒备心理的时候了。如果说贫困年代的许多问题是因为吃不饱饿的，那么，现代社会中的更多问题便是吃饱了撑的，比如说疾病，比如说环境污染，比如说物种灭绝，甚至于社会腐败等等。

你会发现，无论是贫穷还是富有，“吃”都是大过天的大事，人们的目光始终没有从它身上挪开过哪怕一毫米。

电视上形形色色的美食节目大行其道，微博微信里各式美食图片铺天盖地，“你吃了吗”的问候语经久不衰，就不得不叹服，我们生活在一个多么热爱吃喝的伟大国家啊！

近日再读马斯洛的人类需求层次理论，赫然发现，我们如此迷恋于吃，或许说明我们还处在需求的第一个也是最低的层次。

马斯洛把人类需求划分成五个层次，最低层次是对生理上的需求；第二个层次，是包含对安全、稳定和质量的需求；第三个层次，是对归属感的需求；第四个层次，是对获得尊重的需求；第五个层次，是自我实现的需求。

看来，我们在第一个层次的需求得到满足之后，并没有向更高层次去攀登，而是继续留在第一层次，比如说对“吃”进行更深更广的挖掘。

在对食物的需求已经得到充分的满足之后，人们把大量的时间精力和金钱仍然消耗在“吃”上面，吃饱喝足还不算，还要吃新喝奇，吃牛羊不算，还要吃野味，吃金甚至吃粪便，这是把自己的需求牢牢钉死在最低层次的表现吧。

假期里先是去了趟意大利，发现那儿的人们，对吃饭这种事普遍漫不经心，吃得异常简单，常常是一条面包、一块比萨或者一碟意粉就是一餐，即使很多人聚餐，也是简简单单几道菜，感觉老外聚餐的仪式意义比吃什么更重要。

反观程大爷一行，觉得好吃的东西全点上，有一回，程大爷一个人吃的东西，恰好与邻桌三个牛高马大的老外吃的总量一样多，当时还为自己的饭量力压三个老外感到自豪，有点为国争了光的得意呢。

后来我又去了一趟川北的高山草甸，看到成群结队的牦牛，它们无一例外地低着头吃草，似乎没有停下来休息的时候，吃草就是牦牛们活着的全部意义吗？忽然感触，我们的生活，总是把吃饭当作重要的目标，跟这些牦牛有什么不同呢？

如果人生仅仅只是一场物质的盛宴，那么，人类就不可能有灵性，就算不得高级动物了吧？印度哲学家奥修指出，只有物质的需求、生理的心理的需求都得到满足的时候，你才能感觉到那个精神

骆驼

呵呵“需求层次陷阱”，我自己发明的一个词，就是说一个层次满足了并不必迈向更高层次，而是陷在一个层次无法自拔，大多数人都一样吧，像程大爷您这样敢于反思的人毕竟少数。手工点个赞。

Lulu

说起来也惭愧，俺至今能想到的诸多浪漫事都是和吃喝有关啊：桂花树下喝酒吃肉；大雪中泡温泉，池边搁着热腾腾的好酒好肉；阳春面舫雨中喝酒吃肉，最好旁边有美人歌舞劝兴……呵呵，都是马斯洛需求等级里的第一层——肉欲。

雪

物资匮乏的年代令人难忘，儿时的我们是在饥饿中度过，每天都期盼着过年过节。今天来之不易的大好时光值得珍惜。对生活深层的思考太难得了，让我们理清了思路，长了见识。健康对于每个年龄段都重要。加油！

的、灵性的需求。灵性其实是最奢侈的东西，因为只有当你在每一个方面都达到富有的时候，灵性才能发生。

怪不得程大爷这么多年来，人生境界没有明显提升，甚至还略有下降啊，原来“贪吃”竟然是一种人格缺陷哦，它总是在制造各种各样的不满足感，妨碍了我们抵达更高的需求层次，阻止了灵性的产生。

有天晚上，在浴室的镜子前，当我打量着自己腰间犹如米奇林轮胎一般的脂肪带时，有那么一点点的罪恶感，幽幽地掠过思想的空洞。

一夜暴富

这么说，李嘉诚也许还是个穷人？

虽说他的世界华人首富的宝座刚刚被澳门新赌王吕志和抢走了，可是，他拥有295亿，还是美元的财富，怎么可能是穷人？

这是程大爷听到收音机里梁冬和吴伯凡在《东吴相对论》中的一番乱喷后冒出的一个奇怪念头！

这二位爷高谈阔论的是所谓的“穷人心态”。

大概意思就是，金钱不是划分穷人与富人的唯一标准，至少还有时间这个因素！

时间是有价值的，马克思早就在剩余价值理论中说过商品的价值是由“生产某种商品的社会必要劳动时间决定的”！

据此划分人大约是四类：有钱没时间的人，有时间没钱的人，没有钱也没时间的人，有钱又有时间的人。

将钱看成稀缺资源并且有金钱方面的焦虑感的人，是物质方面的穷人。

将时间看成稀缺资源并且永远感觉时间不够用的人，是时间方面的穷人。

由此可见，物质与时间双缺的穷人可谓比比皆是，而双不缺的富人却是凤毛麟角！

按二位爷的说法，只有那些对金钱没有焦虑感，有时间并且有心情拿着一本好书，在冬天温暖的阳光下仔细品读的人，才是真正的富人。

傻瓜往往比精明人快乐，就是这个原因！

由此观之，李嘉诚还是焦虑他的上市公司业绩，焦虑他的时间不够用，他已风烛残年，时间是他的稀缺资源，他有闲散的心情在冬日阳光下读一本有趣的书吗？

所以，他不一定是富人！

邵逸夫有钱，名下基金100多亿，当然没有物质的稀缺感和焦虑感，现

在又去了天堂，拥有了无边无际无始无终的时间，当然没有时间的稀缺感和焦虑感。

他逝世了，他终于成了富人了吗？

问题是，程大爷不确定老先生这一刻是否在天堂里能晒到温暖的冬日里的太阳，而且手里还捧着一本心爱的书在读。

因此，这个问题得去问上帝，我们无法做出判断！

程大爷是富人吗？

冬天里如此慵懒的阳光，晒得程大爷的屁股发烫，没有人催促，没有人在边上唠叨，可以晒到太阳落山。

中午吃得太饱，所以没有物质上的焦虑，手上恰巧有本好书。

有点像哦！程大爷问了自己三遍，结论是：今天是个富人！

呵呵，昨天还是个“双缺的穷人”，只是因为拥有了这个晒得屁股发烫的冬日午后，程大爷竟然，一夜暴富了！

故乡

《东吴相对论》是快餐，吃多了，得病。呵呵，但从心里来说，我觉得，老程，你是精神富足的人，现在这方面全缺的中国最多。

Pengqi

其实富与贫就是一个财富多与寡的概念，没有梁冬们说的那么绕。财富在时间上的相对性不言自明。想当年万元户多么令人羡慕，今天万元算个球。李嘉诚就是了不起的人物啊！

曹孟鸣

心态决定命运。

从结束开始

米宇

人生如旅途。

潇儿

终于出境啦！摄影师是谁？

骆驼

那么现在问题来了，中国男模哪家强？

乱世蛙人

人生天地间，忽如远行客。

涛音飞扬

终于亮玉照了。意气风发，潇洒不减当年哈。

Lulu回复黄云

程大爷现在的状态很符合三毛那句“我来不及认真地年轻，待明白过来时，只能选择认真地老去”。经鉴定：程大爷绝对是“叔”的范，不是“师傅”范。

程大爷回复Lulu

啥？

黄云回复程大爷

你以为大叔是随便叫的？你以为过了30就是叔了？笑死人了好么！叔可是高富帅进化到中年的专用代称，男屌丝到了中年之后只配被叫作师傅！！！没听过这段子吗？

年休假期就快要结束了，得抓住仅剩的两天，在深秋时节的高原，再多吸纳一些日月精华，多感染一些天地灵气。

云游四方的日子，似乎生活在别处，回归现实的人间，又平添一丝惆怅，这一路上，放浪形骸，忘乎所以，“不知有汉，无论魏晋！”

蒋文胜　摄

这些个与自己灵魂独处的白天与黑夜，细细回味过往生活的点滴，感慨这半生为人，错过了多少开悟的机缘。

时间没有等过我一分一秒，风景却依然守候在原地，放过了自己，才能高飞，才能收拾心情，从结束开始!

还是陶渊明最懂我，1600年前，他就留下遗嘱告诫我说，“盛年不重来，一日难再晨。及时当勉励，岁月不待人。”

他又说，“悟以往之不谏，知来者之可追，实迷途其未远，觉今是而昨非！”还好，一切都来得及。

写你的名字

写你的名字在冬季的边缘
你是永不凋谢的玫瑰
装饰着我的黑夜与白天
写你的名字在海滩
看温柔的细浪
将你一遍遍亲吻
写你的名字在天边
我忍不住抬头
从星空浩瀚的词海里
翻阅你的前世今生
写你的名字在月亮
相约的梦境里
总有一条隐秘的通道
可以抵达爱情

写你的名字在山岚
杜鹃开放的瞬间
我听见了露珠的战栗
写你的名字在心田
一颗青涩的柠檬果

程大爷
又找到一首旧诗。是一首特别冒傻气的爱情诗，哈哈哈，估计今生再也写不出来了。然而，那永远消失了的往日情怀，却因为真实而无比动人。犹豫再三，还是稍作修改，分享一下，这也算是一种怀旧吗？呵呵。

Zhaow
那是个写纸条，然后写小楷的年纪。

晴天海洋泡泡飞
每个黎明日出都有不一样的风景/你不曾来过/我未曾离开。

刚刚跳下枝头
写你的名字在脑海
一个心醉神迷的形容词
一条曲折的盘山公路
注定会缠绕
我的一生
你低垂的眼睫是
我的海角
而你的长发
飘散成我的天涯

写你的名字在梦境
那些宿命的星星
明亮得像无数颗图钉
将我漂泊的心
钉紧在你的港湾
写你的名字
我就像一颗隐喻的音符
迷失在
一首老情歌的旋律里

在宽窄巷子，随处可见这般婉约的笑容，如此古典的背影。

回不去的“后方”

二姐给我发来微信，说把我最近关于故乡的一系列文章拿去给父亲看了，据说老父亲架上老花镜一字一句地读了好几篇长文，一向不苟言笑的他一边读还一边点头称赞，不是说我文章写得有多么好，而是赞许我对故乡有一份真挚的感情。

父亲还要二姐转达他老人家的意见，即关于我的出生地，我文章中写到是“大梅畈”，父亲说这个范围还是大了点，更准确地说，我应该是出生在坛头山刘家坡那座新建不多久的土砖房里。

我对刘家坡上那座低矮的土砖房完全没有印象。因为在我仅有八个月大的那年，由于水利部门需要在陆水河上拦河筑坝，建一个用于研究三峡工程的试验坝，我家的土砖房将会被蓄水淹没。我还太小，离开家园的痛苦，我也感觉不到。

搬家的时候，母亲将我放在一个箩筐里，另一头是家里的被子和衣物，然后，父亲用一条竹木扁担挑着，一步三回头地离开了出生地，随族人一起来到蒲圻（现更名为赤壁）县城，然后辗转到达长江边上一个名叫“柳山湖”的垸子，成为众多“移民”中的一员。

这一别就是几十个年头，由于交通不便，这个被父辈们称为“后方”的老家，就鲜有人踏足了。

但是，从父母的口中得到的关于出生地的碎片式的信息，我大约也能拼凑出“后方”的模糊影像来：一座新建不久的土砖房，谦卑地蹲在大山脚下的刘家坡上，背后是漫山遍野的楠竹，房门左前方是一口五亩见方的鱼塘，鱼塘的下方是稻田，稻田的边上，陆水河蜿蜒流过。

作为移民们的新家，柳山湖带来的是意想不到的血吸虫病以及日常生活的种种不便。在“后方”时，烧火做饭，冬天取暖都有山上的灌木和杂树，娶亲嫁女时做家具，山上就有上好的松木和樟树，但是，在柳山湖，就只能烧稻草了。

柳山湖位于陆水河汇入长江的入口流域，原本是长江边上的一个荒凉湖泊，长满芦苇。新中国成立前土匪和江盗出没，后来，由于有将“后方”的山民迁移安置的需要，才沿长江及陆水河筑堤成垸，移民大致按在“后方”时的分布，划分成若干个村落，我们后来的家就在其中的腊里山村。

除了难得有木柴烧火之外，血吸虫病是困扰柳山湖民众多年的梦魇，即使县里和公社有专门的“血防”部门，这个瘟疫仍然横行了几十年时间。我在乡下的日子，至少有两次“中招”，父母姐弟无一幸免。

族人们经常会谈起“后方”的种种美好，感叹移民到柳山湖的诸多艰难，然而，那个让他们魂牵梦萦的故园，早已随着陆水大坝的建成蓄水而被淹没了，成为陆水湖水库的一个湖汊。

即便是山长水远，偶尔也会有人搭乘陆水湖里的小渔船，回到“后方”的山上去看一看，他们带回“后方”的点滴信息，都会被父辈们津津乐道。

关于我的出生地刘家坡，有一位堂哥就去看过一次，说是我们家的土砖房早就荡然无存，奇怪的是，他亲眼看见有一只老母鸡带着一群小鸡在故居那块屋基周围转悠着，而且，他听到附近的渔民说，这个鸡群在那儿已经好多年了。我母亲听到这个消息，既惊奇又难过，她越发相信这是一个灵异事件。

母亲不知多少次讲到，我出生前一年，由于之前的老屋倒塌了，家里搭上所有的积蓄加上借债，才建了新的土砖房，然后更是困难重重。忽然有一

云中望月

感慨万千！大家都有一个难以忘怀的后方，但是只有程大爷能展示出如此的情怀！

田田

50年来我只在1987年暑假回过一次山东老家，至今没有去过姥姥家。

Leave

每次，看完程大爷这些关于家乡或过往的一些趣事，都难免会被带入，也触动了我，也让我醒悟不要忘却过往，当我老后我亦可以有所回忆，回忆这些青葱，回忆最初最朴实的情感！

宋涛

不禁想起我家与燕子和谐共处的美妙时光，现在已是大城市罕见的动物了。

梅群

我今天把全文读给爸爸听了，他连连称赞写得很好，写得真切。以后回家了他要讲家史。

天，母亲在碗柜里发现了一个野蜜蜂窝，不知从哪儿飞来一大群野蜜蜂，母亲大喜过望，找来放蜂人卖了十多块钱，极大地缓解了家里的困难。

半年后，家里又飞来了一群野蜜蜂，又有养蜂人上门收购了。更让母亲惊讶的是，我出生时，家里第三次飞来一群野蜜蜂，母亲说，这可能是祖先的灵魂，再也不能卖给养蜂人了。

然后，这群野蜜蜂就在我们家的碗柜里扎下根来，与我们一家人和谐相处，直到我们搬离刘家坡。

近年来，随着陆水湖开发旅游资源，湖里多了许多快艇和游船，柳山湖的移民们去“后方”探访相对方便了。当他们踏上曾经哺育过自己的竹海和果园，看到山头上荒草萋萋中祖先们的坟茔，残缺不全的墓碑，那种五味杂陈的滋味，无法不涌上心头来。

后来，便有了柳山湖移民们持续了十多年却无疾而终的试图要回祖辈山林的“扯山”活动，有的乡亲甚至为此付出了惨重的代价。

听说我曾祖父的坟墓由于地势较低，当陆水湖水位涨高时，甚至都被淹没了。父亲六十岁那年，他感叹自己有一个多年始终没有落实的心愿，就是回坛头山刘家坡一次，看看祖屋的地基，看看曾祖父母的坟还在不在，如果在，就把坟移高一点，然后立块墓碑，方便日后清明时节去祭扫。

第二年清明节时，我跟姐夫还有两个弟弟一起，租了陆水湖里的一条游船，径直开往刘家坡。

在父亲的引导下，一个多小时后游船开到了刘家坡，那一年清明，正是陆水湖的枯水季节，连鱼塘的围堰都露出了水面。

虽然被水冲洗得几乎看不见坟墓的形状，父亲凭借当年离开“后方”时留在坟边上的一块大石头，还是确认了曾祖父母的坟墓。

一番祭扫之后，父亲带着我们急切地走向对面山坡上一处芦苇丛生的小平台，告诉我们这就是老家那座土砖房的屋基，也就是我呱呱坠地的地方。

父亲一边介绍当年房子的结构，一边低着头用脚扒开地上的芦苇和杂草，忽然朝我们喊了一声，找到了！我们走过去，看到父亲的脚下的杂草中露出一块青石板，父亲说这正是当时老屋堂屋的门槛。父亲抬起头来的刹那，我看见他的眼里满是泪水。

那个无数次出现在父亲梦境中的刘家坡上的老屋，他和母亲生活了二十多年的土砖房子，早已消失不见，所有的记忆，只化为芦苇丛中的一截青石板了。

我极力想象着老屋的模样，想象那年冬天，大雪纷飞，午夜时分，母亲就在靠东边的那间土砖屋里生下了我，火塘里烧着的松树枝噼里啪啦地蹦着火星，积雪将屋顶上的干芦苇压得吱吱作响，这时，后山上，有一只野山羊在咩咩叫唤……

我想，每一个人的出生地都有着无法忘却的神圣意义吧，它记录着生命最初的模样，渐渐地，它已经不再是地理意义上的故乡。

如同那座早已淹没在荒草丛中的土砖房子，它安放着父母的记忆与乡愁，经由时间的淘洗与沉淀，最终变成一代人铭心刻骨却又无法抵达的梦境家园。

而我再也回不去了，不是吗？没有什么可以将灰烬还原为火焰，没有什么可以将废墟还原为曾经的祖屋，没有什么可以将父亲的白发还原为少年，也没有什么可以将我“还原为露珠——大地上最小最干净的孩子”。

父亲（左一）和他的老友。

就这样被你挂住

初来广州时，同许多闲着无事的年轻人一样，程大爷也喜欢去录像厅看盗版的港产片消磨时光。

电影的对白都是广东话，像程大爷这样粤语不灵光的“外省佬”，跟广东人交流经常“鸡同鸭讲”，看粤语电影基本上是连蒙带猜，看完也一头雾水。

有一部“古惑仔”系列的电影，故事讲的大概是江湖恩怨，长刀短枪打打杀杀，加上些无厘头的搞笑台词，看完差不多就忘记了。

然而，只有一个情节我却记得很清楚：“湾仔之虎”率众兄弟与“油麻地之狼”火拼大获全胜后，抬头望见一轮皓月，才想到当天正是中秋节，一边念叨“我应承过我妈中秋节回去看她的”，一边从小弟手上接过“大哥大”。

画面一转，是他双目失明的老母亲在电话的另一头哽咽着说：“仔呀，娘好挂住你！”特写镜头是那个满脸刀疤的江湖大哥眼中强忍的泪水……

我当时就发誓，在政府机关混着，收入再低也不能加入黑社会呀，搞不好中秋节都不能回家，还要加班跟另一个黑帮派别拼杀抢地盘，母亲知道了肯定会哭瞎眼睛的。

“娘好挂住你！”这句话，我还是问过身边的“老广”才知道是“想念你”的意思。

“挂住你！”这三个字反复多次地出现在我后

小雨滴

挂住的对象可能不同，程度也可能不一样，但只要“挂住”着，就是幸福的人！节日快乐！

静子

美的语言，相信遥远的身边就是无尽的亲情与爱，中秋节快乐！

胡宝心

我相信，这一刻，所有抬头看见月亮的人，都看见了爱，看见了幸福，就在你遥远的身旁。

宋涛

在我看来，被母亲挂住是最幸福的事，也是我前行的动力。真男人懂得抽时间陪家人。

李玉玄

每逢佳节倍思亲，“挂住你”好朴实的问候，却最暖人心！

来看过的粤语电影中，母子之间，父子之间，情侣之间甚至朋友之间。

每逢佳节，千里之外，当这句纯正的广东话脱口而出时，你总能看到那一张张泪水纵横的脸，或悲喜交加或牵肠挂肚，瞬间点燃原本深藏着的情感，剧情于是达到某个高潮。

确实，不管你听不听得懂广东话，都不得不承认这句广东话是非常传神的。

我的理解是：说想念一个人的时候，心里忽然长出个钩子来，把那些如丝如缕剪不断理还乱的情愫，一一挂住，不让风将它们吹乱吹散。

我想，再也不会有一个词如“挂住”这般贴切了，北方的“想念”，过于绵软；江南的“思念”，过于含蓄；湖北佬的“老子想死你了”一词，用力稍稍过猛，不小心会吓人一跳。

广东人的“挂住”，温度和力度都刚刚好，介于忧伤和浪漫之间。

你可以想象，一个人被某颗心上的那个钩子挂住，如同一件穿了十多年的旧毛衣被安静地挂在衣橱里，于某个冬夜被一双温柔手轻轻抚慰的感觉。你也可以想象，自己的心上，有很多个钩子，挂住了很多份亲情友情爱情，你平日里匆匆忙忙，无暇回望自己的内心，直到明月升起，将你情感的世界照得灯火通明，每逢佳节倍思亲，你才惊觉自己的心里，其实一直都挂得满满的，这个时候该有怎样的幸福与哀愁？

雨果说，“生活中最大的幸福，就是坚信有人爱我们！”雨果所说的这个“爱”，我理解约等于广东话中的“挂住”吧！

“挂住”和“被挂住”都是一件幸福的事，都是我们风尘仆仆地活在这世间的最大理由吧。

股神巴菲特在年过八十岁的时候也感触地说：衡量一个人是否成功的标准，不是看他赚到了多少钱，而是看在他生命的最后，还有多少人爱他！

“唯愿风起，将一切微妙剪裁。你此刻看见的光亮，来自遥远的陨灭。你终将在一粒宇宙浮尘里，看见宇宙，看见亘古兆载，看见爱……”

我相信，这一刻，所有抬头看见月亮的人，都看见了爱，看见了幸福，就在你遥远的身旁。

腊里山村

出入平安
财源广进达三江

冬雨

天阴得像个错误
太阳总习惯躲在晴天
积雨云继续集结
它的势力
已经蔓延到了地平线
再过一小时
就会占领整个天空

风撕扯着银杏树的头发
沿人行道奔跑
汽车打着后尾灯
令街道焦虑
广告牌上的美女们
还在风雨无阻地卖弄风骚
只有电线杆保持立正的姿势
它守住
小巷边的指示牌
提醒你
不远处便是
某个冬夜的入口

黄昏在不情愿中后退
光线已经妥协
它被自己的软弱击溃
那些无辜的雨
拒绝了灵感的照耀
它选择投靠冬天
今夜没有星光
会敲碎夜幕
枯叶跟着季节
四处流浪
而那些空荡荡的心里
谁会点亮一盏灯
在灵魂归来的路上

巨章
你也听听齐秦的《冬雨》。

程大爷回复巨章
对啊，我也挺喜欢那首歌！

湿地

看吧
这空旷的无用之地
荒芜得如同信仰
长出芦苇、浮萍和月光
那些泥足深陷的文明
永远不能
退回到岸上

看吧
那群白鹭牢牢控制着
他们的领地
他们天籁般的歌声
高于人类的认知
他们动作优雅
翅膀擦着云朵的边缘
旁若无人地飞越
人间烟火

看吧
那个不合时宜的竹排
像一个动词
贸然接近了一幅油画
它插足于
河岸杨柳的一场约会

它的无意识
扰乱了
鱼类与世无争的理想

看吧
那个人偷偷摸摸地
溜出世俗的牢笼
他走得不够远
没能遇见自己的童年
他的脚下
模糊不清的荒野小路
早已沦落为
夕阳中的一道风景

看吧
天际的尽头
始终空无一物
太阳交出了最后的余晖
大地张开柔软的眠床
万物的秩序
开始游荡于现实之外
被搁置的名利
任凭世界
迷失于
一声虚构的鸟鸣

李辉
大爷太有才了。

小庚
看不懂，呵呵。

程大爷回复小庚
朦胧诗，哈哈！

欢欢卓容
很艺术。

新年

秒针在钟楼上赶路
如果明天来得再晚一点
它就可以赶上
闪亮登场的第一缕晨曦

烟花在夜幕中盛开
如果欢颜再任性一点
它就可以照亮
所有的祝福

我在热闹的午夜徘徊
那些浮华的激情
已被挥霍得所剩无几
街灯匆忙

月亮被删掉了一小半
今夜剩余的时间
少得
足够我们去想想未来

跨年晚会回放着一首老歌
正诉说某种辜负
我按下暂停键
让那段音乐突然断裂
露出一小段
沉默似的空白
刚刚好
容纳得下
一个男人的心愿

程大爷
祝福朋友们
新年快乐!
心想事成!

金谷明
新年快乐!

卿云居士
只要激情在，快乐就不远。愿程大爷永远激情四射、快乐无边!

微信红包

空气中弥漫着祝福的词语
这一刻的想念天南海北
从通信录中找回
那一段尘封的记忆
不曾想起的你
忽然闪现
在我的微信朋友圈里

都还好吗我的朋友
你说孤独
是一个人今晚的热闹
你无法用语言表达的心情
可以用红包说出
我整夜都盯着手机
不曾入眠
就是怕错过了你
带着体温的微信红包

过年了你在哪儿呢
这一刻
无论你在天涯还是海角
故乡的爆竹声
会翻山越岭
把你找到

你说这漫天的热闹
是一群人的孤独
在虚拟的网络游戏里
我们久别重逢
却无法紧紧拥抱

我欣喜若狂
只为抢到了一个小小的红包
那些零碎的元角分
全都是一个个快乐符号
儿时我们围着火塘
今晚我们捧着手机
讨要压岁钱的感觉真好
我以为再也回不去了
感恩有你
一个红包
带着我穿越时空
我终于抢到
那一份过年的味道

Leave
文采真好，在这种情况下我们都在抢红包，而你却悄然作出了一首诗。get!

程大爷回复Leave
我是一边抢红包一边写诗哦！

Leave回复程大爷
😍 求红包！😍

金鱼传说——一个城市的蒙太奇。（二次曝光的一次尝试）

1
2

1 武汉街头上玩杂耍的老人，他只为娱乐，不收钱。

2 黄鹤楼下，帅哥的棉花糖比帅哥本人还受美女们欢迎。

威尼斯水手都有一副冷酷的造型。

在Santorini的悬崖酒店与朋友老韦夫妇把酒言欢。

程梦柳　摄

威尼斯广场上与鸽子嬉戏的小女孩。

李会英　摄

希腊Mykonos日落时分。